지희쌤 첫 배움책 제2탄

문해력을 키워 주는 어휘 글쓰기 배움책

1-3학년

박지희 지음 | 김무연 그림

상상정원

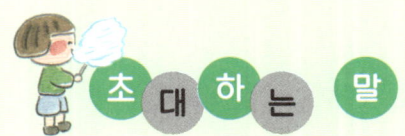

국어 실력, 문해력이 답이다!

"국어는 **모국어**인데 크면 자연스럽게 하지 않을까요?"

"**책**만 많이 읽으면 저절로 잘하게 되지 않을까요?"

"요즘 아이들은 **영상 세대**인데 굳이 문해력에 힘써야 하나요?"

학년이 올라갈수록 아이의 국어 실력이 늘지 않아 걱정하는 교사와 학부모들은 흔히 이렇게 생각하고 아이를 내버려 두기 쉽습니다. 또 아이들이 영상 매체를 많이 접하는 요즘, 영상 매체를 통해 보고 듣는 말을 알아듣거나 생활말을 이해할 줄 알면 되는 거 아니냐고 되묻기도 하지요. 하지만 현실은 그렇지 않습니다.

또래보다 2~3년 정도 어휘력 발달이 늦은 아이는 자기 학년의 수업을 따라가기가 어렵습니다. 그 아이에게 학교는 두려운 곳이 되고, 알아듣지도 못하는 학교에 날마다 가야 하는 아이의 고통은 이루 말할 수 없이 큽니다. 부모들은 영상 매체로 만들어진 쉽고 재미있는 것들로 아이들의 언어 세계를 넓히기 위해 노력하기도 합니다. 하지만 그와 같은 방법에는 한계가 있습니다. 언어의 확장은 언어를 문자로 배우면서 형성되는 뇌의 영역으로 만들어지기 때문입니다.

학교에서 공부를 시작한다는 것은 우리 아이들이 본격적인 학습 세계로 여행을 시작했다는 것을 의미합니다. 이때 아이들이 갖춰야 할 가장 기초적인 준비물은 문해력입니다.

'국어 실력이 밥 먹여 준다.'고 합니다. 맞습니다. 국어 실력은 좀 더 넓게 말하면 문해력입니다. 예전에는 글자를 읽을 수 있고 받아쓰기 정도 하는 것을 문해력이라고 보았습니다. 지금은 문해력을 다양한 글이나 매체의 내용에 대한 이해뿐 아니라 해석이나 창작, 의사소통, 계산 등을 할 수 있는 능력이라고 봅니다. 실제로 문해력은 국어 과목뿐 아니라 그 밖의 여러 과목의 학습에도 절대적인 영향력을 미칩니다. 수학 문제를 풀려고 해도 문제를 이해하지 못하면 풀 수 없고, 과학이나 사회 과목을 학습하려고 해도 개념이 이해되지 않으니 더 이상 진도가 나가지 않지요. 또 조금 어려운 어휘가 나와도 맥락을 파악하지 못해 문학 작품에 몰입하기도 어렵습니다.

아이들의 문해력은 저절로 길러지지 않습니다. 사람의 뇌는 말과 글을 사용함으로써 다른 생물과 비교할 수 없을 정도로 발달된 뇌를 갖게 되었습니다. 뇌가 있어서 말과 글을 배우기도 하지만 말과 글을 배움으로써 읽기와 말하기를 하는 뇌가 발달합니다. 그중에서도 문자를 읽어 내는 능력은 읽고 해석하기를 통해 새롭게 만들어지기 때문에 철저히 훈련을 통해서만 이루어집니다. 모국어인 국어가 아이의 성장 속도에 따라 저절로 자라지 않는다는 사실을 명심해야 합니다.

우리가 낯선 나라를 여행할 때 언어로 의사소통을 할 수 없다면 기대감을 안고 떠난 여행은 신비한 탐험의 시간이 아니라 두려움으로 가득한 시간으로 바뀌고 맙니다. 유머를 이해하지 못하면 사람들의 웃음소리가 나를 비웃는 것처럼 들려 그때부터 여행은 즐거움이 아니라 못 견디게 괴로운 것이 되고 말지요.

아이들이 문해력을 잘 갖춰 학습의 세계나 앞으로 살아가야 할 세상에서 언어 때문에 고통받지 않고 자유로워진다면 세상을 호기롭게 잘 헤쳐 나갈 수 있습니다. 언어의 세계가 넓어지는 것은 삶의 무대가 그만큼 넓어진다는 것을 뜻합니다. 아이들이 문해력이라는 강력한 도구를 갖추면 삶을 풍요롭게 가꿔 나갈 수 있습니다.

문해력의 바탕은 정확한 한글 습득을 기본으로 한 풍부한 어휘와 적절한 문장 표현력에 있습니다. 문해력은 자신의 생각이나 느낌, 주변에서 경험한 것들을 문장으로 표현해 보는 꾸준한 활동을 통해 길러진다고 믿기에 이 책을 만들었습니다.

《문해력을 키워 주는 어휘 글쓰기 배움책》에서는 한글 깨치기에 그치지 않고, 배운 낱말을 익히고, 그 낱말들을 부려 써서 문장을 만들어 보는 활동을 합니다. 또 비슷한말들의 쓰임을 구분해서 쓰고, 자신의 감정을 표현하는 말과 풀이말(서술어) 등을 마음껏 활용해 보는 활동을 합니다. 《1학년 첫 배움책》에서 한글 자모와 연결해서 글자를 배우고 문장 읽기를 배웠다면, 이 책에서는 좀 더 자유롭게 어휘를 늘려 나가고, 그 어휘들을 활용해 문장으로 표현해 보는 활동을 주로 합니다. 이 같은 활동을 통해 아이들의 언어 영역은 확장되고, 국어 실력은 나날이 좋아질 것입니다.

《문해력을 키워 주는 어휘 글쓰기 배움책》으로 우리 아이들이 어휘력을 키우고, 정확한 맞춤법을 익히고, 문장 쓰기를 충분히 연습하면 좋겠습니다. 이 책으로 기초적인 문해력을 잘 갖춰 공부가 즐거워지고, 학습이 만만해지는 경험과 함께 다양한 글 세상과 만나 멋진 성장을 이루어 가기를 바랍니다.

박지희

1. 음절로 놀아요

음절은 한 글자를 말합니다. 음절은 하나로도 낱말이 되고, 여러 개가 어우러져 하나의 낱말을 만들기도 합니다. 의미 단위인 낱말을 한 덩어리로 배울 때도 있지만, 한 글자씩 떼어 읽고 그 음절이 다른 음절을 만나 다양한 낱말을 만들어 낼 수도 있다는 것을 알도록 했습니다. 한 음절이나 두 음절 찾기 놀이도 하고, 끝말잇기 놀이도 하면서 다양한 조합으로 마음대로 낱말을 가지고 놀 수 있는 활동입니다.

2. 낱말을 배워요

낱말이란 한 가지 이상의 의미를 지닌 하나의 단위입니다. 한 음절로 된 것도 있고 여러 음절로 된 것도 있습니다. 특정 홀소리(모음)와 닿소리(자음)가 사용된 낱말을 정확히 읽고, 그 낱말을 넣어 문장을 완성하는 활동으로 꾸렸습니다. 일상생활에서 많이 쓰는 낱말을 고르고, 그 낱말을 이용하여 문장을 만들고 써 볼 수 있도록 했습니다. 이야기의 내용이 이어지게 써도 좋고, 독립된 문장으로 써도 됩니다.

3. 풀이말을 배워요

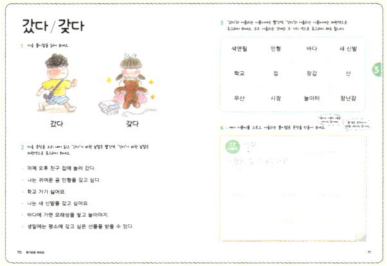

풀이말에는 어떤 상황을 묘사하는 형용사, 움직임이나 변화를 나타내는 동사가 있습니다. 풀이말은 변형이 매우 다양하게 이루어지기 때문에 어휘 늘리기를 할 때 풀이말 활용법을 집중해서 배우는 것이 중요합니다. 풀이말에서 표현하는 힘이 나오고, 이는 어휘력의 바탕이 되기 때문입니다. 이 장에서는 비슷한 소리가 나거나 아이들이 헷갈리기 쉬운 말들을 나란히 배치하여 그 뜻을 정확히 알 수 있도록 했습니다.

4. 반대말을 배워요

반대말을 정확하게 알면 문장 표현이 정확해집니다. 문장의 맥락에 따라 적절한 반대말을 사용하면 어휘력을 기를 수 있습니다. 이 장에서는 각 낱말의 뜻풀이를 사전에 나와 있는 대로 하지 않았습니다. 아이들은 맥락이나 그림을 보고 직관적으로 이해할 수 있기 때문입니다. 아이들의 직관력을 키워 주기 위해 그림으로 낱말의 쓰임을 표현했습니다.

5. 비슷한말을 배워요

'다르다'와 '틀리다'는 다릅니다. **비슷한말**을 배우면 맥락에 맞는 적절한 어휘 구사력을 기를 수 있고, 문장을 더욱 정확히 쓸 수 있습니다. 이 장에서는 어떤 말을 써야 할지 헷갈리기 쉬운 말들을 구별하는 방법부터 문장에서 활용하는 방법까지 배울 수 있도록 했습니다. 사전적인 뜻풀이 대신 그림으로 그 낱말의 쓰임을 배울 수 있습니다.

6. 감정말을 배워요

감정말이란 인간의 다양한 감정을 묘사하는 말을 뜻합니다. 감정말을 배우면 자신의 감정을 표현하는 힘을 갖게 되고, 다른 사람의 감정을 이해하고 공감하는 마음을 키우게 됩니다. 인간의 감정은 아주 섬세합니다. 감정을 말과 글로 표현하면 자신의 욕구나 바람을 다스리게 됩니다. 아이들이 감정말을 배우면, 아이들은 스스로 마음을 들여다보고 자신을 치유할 수 있는 힘을 기를 수 있습니다.

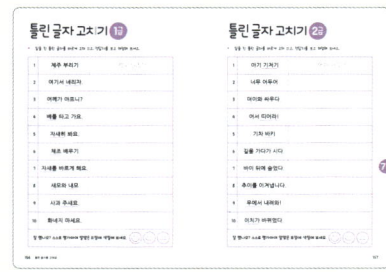

7. 틀린 글자를 고쳐요

아이들은 소리 나는 대로 적거나 비슷한 발음 때문에 틀리게 쓰곤 합니다. 아이들이 글쓰기를 할 때 틀리기 쉬운 글자를 모았습니다. 틀린 글자를 고쳐 쓰는 활동을 할 때 틀린 글자만 고쳐 쓰는 것이 아니라, 그 낱말이 쓰인 문장의 맥락까지 파악해 볼 수 있도록 했습니다. 아이가 혼자 할 경우에는 정답지를 보면서 스스로 채점해 가며 공부할 수 있습니다.

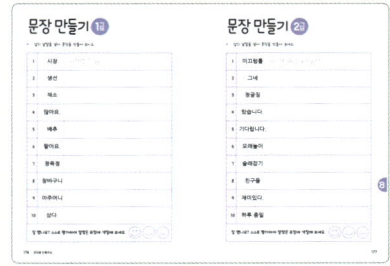

8. 문장을 만들어요

아이들이 생활 속에서 접할 수 있는 낱말을 뽑아 문장을 완성하도록 했습니다. 아이들은 차근차근 표현하는 훈련을 거치지 않으면 자신의 생각이나 느낌을 써 보라고 했을 때 당황합니다. 아이들이 제시된 낱말을 이용해 문장 만드는 연습을 하다 보면 글쓰기도 잘할 수 있고, 언어를 부려 쓸 줄 아는 능력도 키울 것입니다.

한 걸음 더!

책을 소리 내어 읽어 줍니다.
혼자 책을 읽을 수 있는 아이도 부모님과 함께 책을 읽으면 한 권을 읽어도 혼자 읽을 때보다 5~6권을 읽는 것만큼 어휘력이 늘어납니다. 당연히 배경 지식이 쌓이게 되고, 책이나 상황에 대한 이해력이 폭발적으로 늘어납니다. 부모님과 같이 읽는 것만으로도 문해력이 껑충 도약하는 기회를 가질 수 있습니다. 초등학생들은 듣는 데 익숙하고 편안함을 느낍니다. 들으면서 책 속 세상에도 몰입하고, 스스로 책을 읽고자 하는 마음도 생깁니다.

책 속 문장을 따라 쓰도록 합니다.
책만 읽는다고 문해력과 어휘력이 저절로 늘지 않습니다. 책 속에는 책에서만 찾을 수 있는 문어체 문장과 어휘들이 있습니다. 아이들이 책에서 읽은 문어체 문장이나 어휘를 애써 따라 쓰고 자신의 경험에 비추어 부려 쓰면, 그 어휘와 문장을 맥락에 맞게 이해하고 적용하는 방법을 알게 됩니다. 책을 읽다가 발견한 좋은 문장을 공들여 따라 쓰면, 그 문장은 자기 것이 됩니다. 아이들이 따라 쓰기를 하면 자기 성공감을 높일 수 있습니다.

아이들에게 더 많은 책을 읽어 주고, 아이들이 스스로 읽고 따라 쓰기 활동을 할 수 있도록 이끌어 준다면 아이들의 언어 능력은 끝없이 가지치기를 하며 뻗어 나갈 것입니다.

 차례

1. 음절로 놀아요 ... 8

2. 낱말을 배워요 ... 32

3. 풀이말을 배워요 ... 68

4. 반대말을 배워요 ... 96

5 비슷한 말을 배워요 116

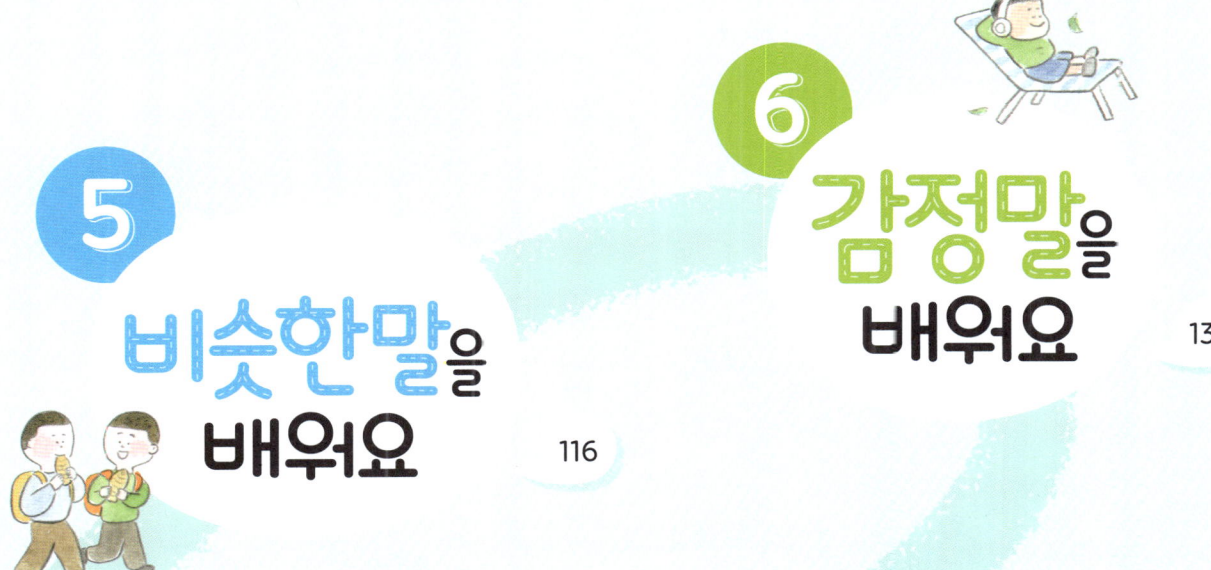

6 감정말을 배워요 130

7 틀린 글자를 고쳐요 154

정답 192

8 문장을 만들어요 174

1 음절로 놀아요

음절은 우리가 흔히 말하는 글자이기도 해요.
음절은 하나로도 낱말이 되지만,
여러 개가 어우러져 한 낱말을 만들기도 하지요.
음절로 재미있게 놀아 보세요.

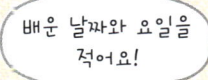

음절 놀이	
음절 놀이 ①	월 일 요일
음절 놀이 ②	월 일 요일
음절 놀이 ③	월 일 요일
음절 놀이 ④	월 일 요일
음절 놀이 ⑤	월 일 요일
음절 놀이 ⑥	월 일 요일
음절 놀이 ⑦	월 일 요일
음절 놀이 ⑧	월 일 요일
음절 놀이 ⑨	월 일 요일
음절 놀이 ⑩	월 일 요일

배운 날짜와 요일을 적어요!

음절 놀이 1

1 다음 글자판을 보고 소리 내어 읽어 보세요.

아	가	이	발	항
사	침	기	파	도
소	언	락	손	어
너	나	니	시	락
과	머	무	인	부

2 위의 글자판에서 한 글자로 된 낱말을 찾아 써 보세요.

3 위의 글자판에서 두 글자 또는 세 글자로 된 낱말을 찾아 써 보세요.

4 앞의 글자판에서 글자를 골라 끝말잇기를 해 보세요. 글자판에 없는 것도 상관없습니다.

나무

5 앞의 글자판에 나온 글자들을 이용해 만들 수 있는 낱말을 마음껏 써 보세요.

파도

음절 놀이 ❷

1 다음 글자판을 보고 소리 내어 읽어 보세요.

음	비	옷	구	하
상	악	표	늘	름
장	전	락	지	어
화	신	발	기	판
과	나	팔	차	매

2 위의 글자판에서 한 글자로 된 낱말을 찾아 써 보세요.

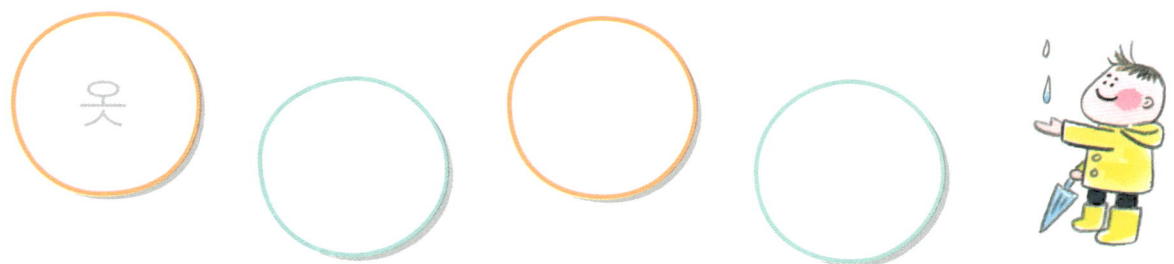

3 위의 글자판에서 두 글자 또는 세 글자로 된 낱말을 찾아 써 보세요.

4 앞의 글자판에서 글자를 골라 끝말잇기를 해 보세요. 글자판에 없는 것도 상관없습니다.

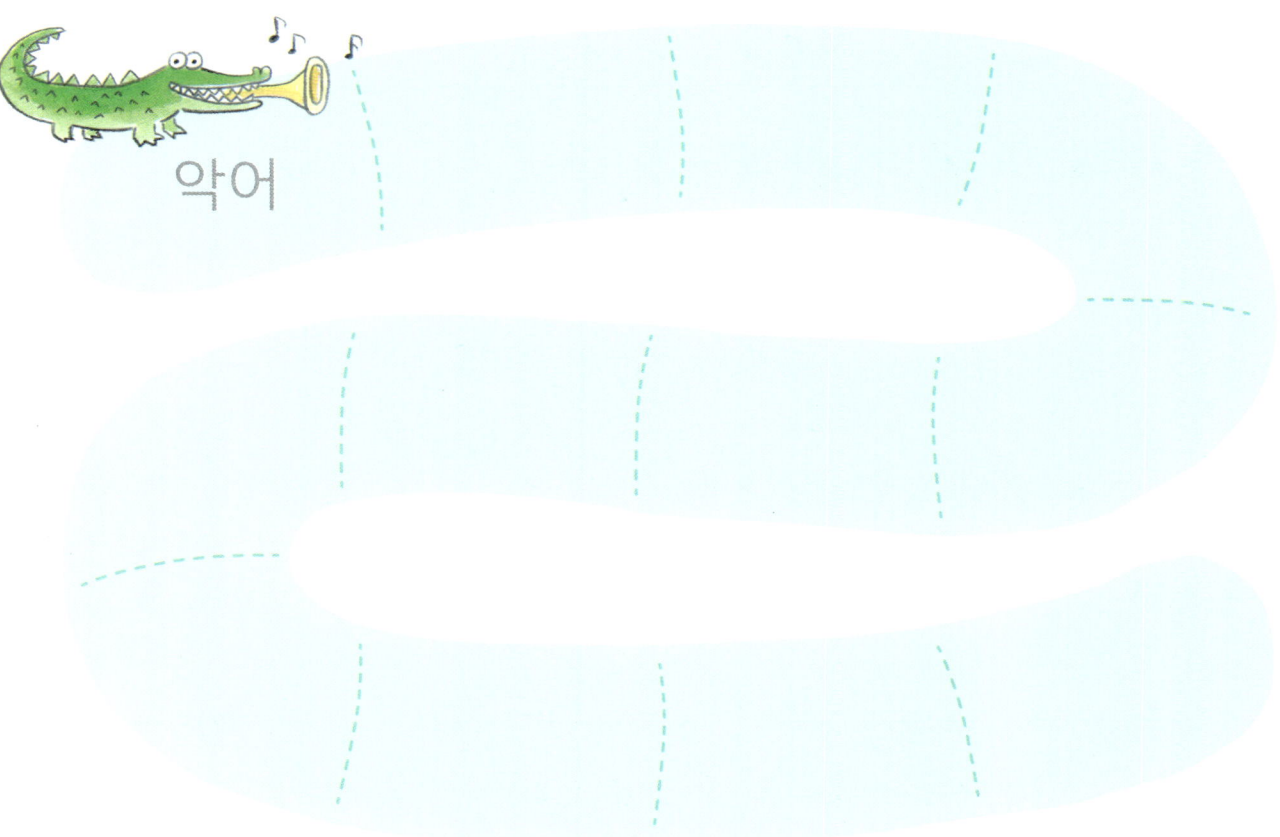

악어

5 앞의 글자판에 나온 글자들을 이용해 만들 수 있는 낱말을 마음껏 써 보세요.

기차

음절 놀이 ③

1 다음 글자판을 보고 소리 내어 읽어 보세요.

팽	람	숭	돼	두
랑	이	다	지	구
권	호	거	네	경
쥐	원	전	부	자
리	멧	독	수	사

2 위의 글자판에서 한 글자로 된 낱말을 찾아 써 보세요.

3 위의 글자판에서 두 글자 또는 세 글자로 된 낱말을 찾아 써 보세요.

4 앞의 글자판에서 글자를 골라 끝말잇기를 해 보세요. 글자판에 없는 것도 상관없습니다.

구두

5 앞의 글자판에 나온 글자들을 이용해 만들 수 있는 낱말을 마음껏 써 보세요.

다람쥐

음절 놀이 ④

1 다음 글자판을 보고 소리 내어 읽어 보세요.

그	인	간	입	거
늘	림	구	전	슬
의	보	자	지	기
사	미	동	혜	레
병	술	원	차	시

2 위의 글자판에서 한 글자로 된 낱말을 찾아 써 보세요.

3 위의 글자판에서 두 글자 또는 세 글자로 된 낱말을 찾아 써 보세요.

16 음절로 놀아요

4 앞의 글자판에서 글자를 골라 끝말잇기를 해 보세요. 글자판에 없는 것도 상관없습니다.

거미

5 앞의 글자판에 나온 글자들을 이용해 만들 수 있는 낱말을 마음껏 써 보세요.

인간

음절 놀이 ⑤

1 다음 글자판을 보고 소리 내어 읽어 보세요.

그	금	산	박	숭
죽	림	꽃	수	타
팥	구	자	리	소
부	렁	국	장	병
신	이	발	미	원

2 위의 글자판에서 한 글자로 된 낱말을 찾아 써 보세요.

3 위의 글자판에서 두 글자 또는 세 글자로 된 낱말을 찾아 써 보세요.

4 앞의 글자판에서 글자를 골라 끝말잇기를 해 보세요. 글자판에 없는 것도 상관없습니다.

수박

5 앞의 글자판에 나온 글자들을 이용해 만들 수 있는 낱말을 마음껏 써 보세요.

그림

음절 놀이 6

1 다음 글자판을 보고 소리 내어 읽어 보세요.

빗	하	물	산	소
위	방	눈	도	수
분	낙	울	서	관
기	슬	숭	우	지
이	비	학	쁨	원

2 위의 글자판에서 한 글자로 된 낱말을 찾아 써 보세요.

3 위의 글자판에서 두 글자 또는 세 글자로 된 낱말을 찾아 써 보세요.

4 앞의 글자판에서 글자를 골라 끝말잇기를 해 보세요. 글자판에 없는 것도 상관없습니다.

낙하산

5 앞의 글자판에 나온 글자들을 이용해 만들 수 있는 낱말을 마음껏 써 보세요.

학

음절 놀이 7

1 다음 글자판을 보고 소리 내어 읽어 보세요.

수	육	놀	지	간
이	박	판	매	방
오	터	씨	앗	귀
그	늘	솜	사	표
네	탕	하	홀	시

2 위의 글자판에서 한 글자로 된 낱말을 찾아 써 보세요.

3 위의 글자판에서 두 글자 또는 세 글자로 된 낱말을 찾아 써 보세요.

4 앞의 글자판에서 글자를 골라 끝말잇기를 해 보세요. 글자판에 없는 것도 상관없습니다.

5 앞의 글자판에 나온 글자들을 이용해 만들 수 있는 낱말을 마음껏 써 보세요.

음절 놀이 ⑧

1 다음 글자판을 보고 소리 내어 읽어 보세요.

합	철	격	구	수
전	기	정	지	선
숲	도	착	각	시
길	세	우	렁	이
오	양	치	대	솔

2 위의 글자판에서 한 글자로 된 낱말을 찾아 써 보세요.

3 위의 글자판에서 두 글자 또는 세 글자로 된 낱말을 찾아 써 보세요.

4 앞의 글자판에서 글자를 골라 끝말잇기를 해 보세요. 글자판에 없는 것도 상관없습니다.

시합

5 앞의 글자판에 나온 글자들을 이용해 만들 수 있는 낱말을 마음껏 써 보세요.

오솔길

음절 놀이 9

1 다음 글자판을 보고 소리 내어 읽어 보세요.

창	똥	시	긋	선
틈	넘	냇	물	총
구	별	방	지	차
문	판	패	기	위
점	표	줄	바	가

2 위의 글자판에서 한 글자로 된 낱말을 찾아 써 보세요.

3 위의 글자판에서 두 글자 또는 세 글자로 된 낱말을 찾아 써 보세요.

4 앞의 글자판에서 글자를 골라 끝말잇기를 해 보세요. 글자판에 없는 것도 상관없습니다.

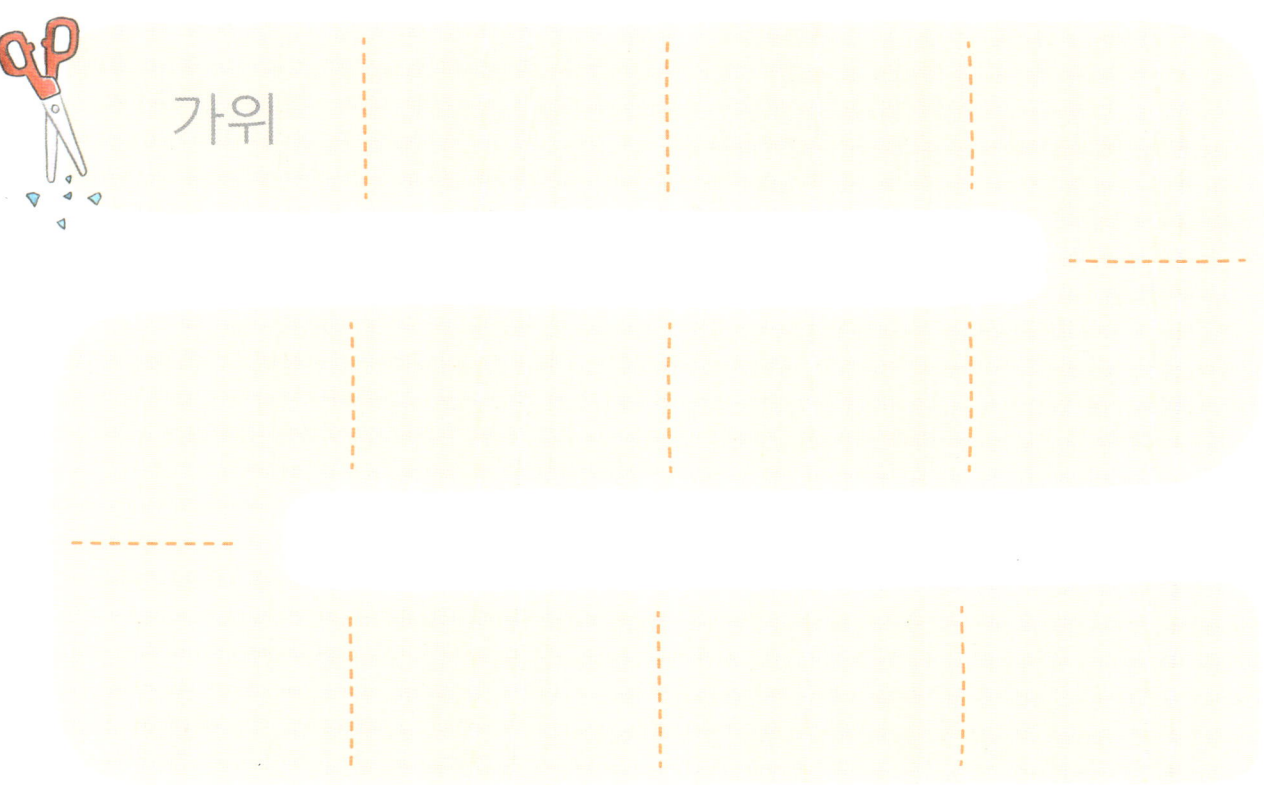

가위

5 앞의 글자판에 나온 글자들을 이용해 만들 수 있는 낱말을 마음껏 써 보세요.

줄넘기

음절 놀이 ⑩

1 다음 글자판을 보고 소리 내어 읽어 보세요.

파	그	점	대	서
미	도	시	나	상
국	동	각	무	구
어	화	도	방	교
책	림	술	기	문

2 위의 글자판에서 한 글자로 된 낱말을 찾아 써 보세요.

3 위의 글자판에서 두 글자 또는 세 글자로 된 낱말을 찾아 써 보세요.

4 앞의 글자판에서 글자를 골라 끝말잇기를 해 보세요. 글자판에 없는 것도 상관없습니다.

각도기

5 앞의 글자판에 나온 글자들을 이용해 만들 수 있는 낱말을 마음껏 써 보세요.

대문

재미있는 말놀이

- 보기에 있는 낱말을 찾아 동그라미 하세요.

발	가	위	색	연	필	옥	수	수	추	억	초
가	로	수	바	기	린	애	벌	레	참	깨	가
락	환	영	위	솜	기	차	례	래	외	갓	집
메	시	장	화	씨	름	나	팔	꽃	출	사	과
뚜	냇	가	겨	앗	안	그	림	자	서	육	도
기	물	방	울	망	그	네	보	동	네	사	깨
앵	두	송	음	신	호	등	대	차	두	꺼	비

보기 발가락, 가로수, 수영장, 시장, 시냇물, 방송, 겨울, 색연필, 기린, 씨름, 기름, 기차, 장화, 그림자, 나그네, 그네, 솜씨, 망신, 신호등, 차례, 나팔꽃, 자동차, 애벌레, 수레, 초가집, 외갓집, 외출, 참외, 두꺼비, 도깨비, 앵두, 메뚜기, 가위, 바위, 옥수수, 추억, 환영, 동네, 등대, 참깨, 림보, 울음, 사육사, 사과

재미있는 말놀이

● 보기에 있는 낱말을 찾아 동그라미 하세요.

귀	뚜	라	미	연	못	떼	사	똥	장	난	감
굴	벅	면	술	욕	심	쟁	이	떡	볶	이	독
렁	뚜	껑	관	심	장	이	름	표	음	식	점
쇠	벅	카	코	뿔	소	딱	지	김	밥	당	오
민	들	레	끼	피	나	무	그	늘	솥	칫	솔
둥	독	수	리	피	기	다	림	돼	지	름	길
산	립	국	늑	더	나	무	자	장	가	로	등

보기 귀뚜라미, 라면, 수국, 독수리, 민들레, 민둥산, 굴렁쇠, 연못, 떼쟁이, 욕심쟁이, 똥떡, 떡볶이, 볶음밥, 음식점, 식당, 오솔길, 칫솔, 가로등, 자장가, 돼지, 기다림, 그림자, 딱지, 코뿔소, 소나기, 김밥, 밥솥, 감독, 심장, 이름표, 그늘, 지름길, 관심, 늑대, 나무, 장난감, 미술관, 코끼리, 뚜껑

2

낱말을 배워요

낱말은 뜻을 가진 음절 덩어리입니다.
낱말은 악어, 참새 같은 이름씨도 있지만,
가다, 오다, 예쁘다, 멋지다 같은 풀이말도 있지요.
이 낱말들은 문장을 만드는 중요한 재료입니다.
낱말을 익혀 보아요.

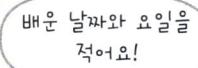
배운 날짜와 요일을 적어요!

홀소리 낱말			
ㅏ ㅓ가 들어 있는 낱말	월	일	요일
ㅑ ㅕ	월	일	요일
ㅗ ㅜ	월	일	요일
ㅛ ㅠ	월	일	요일
ㅡ ㅣ	월	일	요일
ㅐ ㅔ	월	일	요일
ㅘ ㅝ ㅚ ㅙ	월	일	요일
닿소리 낱말			
ㄱ ㄲ ㅋ이 들어 있는 낱말	월	일	요일
ㄷ ㄸ ㅌ	월	일	요일
ㅂ ㅃ ㅍ	월	일	요일
ㅅ ㅆ	월	일	요일
ㅈ ㅊ ㅉ	월	일	요일
ㅇ ㅎ	월	일	요일

ㅏ ㅓ 가 들어 있는 낱말

1 읽을 수 있는 낱말을 소리 내어 읽고 색칠해 보세요.

- 아름다워
- 어른
- 언니
- 어둠
- 얼굴
- 추억
- 악어
- 알맹이
- 기억
- 일어나
- 아침
- 앉아

2 1에서 빈칸에 알맞은 낱말을 찾아 문장을 완성하고 읽어 보세요.

햇님이 방긋 웃는 ☐ 이에요.

모두 일찍 ☐ 아침 식사를 차립니다.

가족이 둘러 ☐ 아침 식사를 합니다.

3 읽을 수 있는 낱말을 소리 내어 읽고 동그라미 하세요.

아프다　　어지럽다　　나갔다
넣었다　가랑비　저녁　서랍　알록달록
얼룩지다　넘어지다　어제　아슬아슬　아이스크림
안경　어깨　기억　아파트　더러워　아하!
얼굴　앞　엎어지다　멈추다　앞으로
엉망이었다　엄격한　바람

4 3에서 낱말 3개를 고른 뒤, 고른 낱말을 넣어 문장을 3개 이상 만들어 보세요.

고른 낱말	아프다

어제 놀이터에서 넘어져서 무릎이 아프다.

ㅑ ㅕ 가 들어 있는 낱말

1 읽을 수 있는 낱말을 소리 내어 읽고 색칠해 보세요.

연못   옆으로   여름   저녁

얄미운   여우   약속   삐약삐약

곁에   열매   하얀   얇은

2 1에서 빈칸에 알맞은 낱말을 찾아 문장을 완성하고 읽어 보세요.

햇볕이 쨍쨍한 ☐☐☐☐ 입니다.

바위 그늘 밑에서 ☐☐☐☐ 가 쉬고 있어요.

나무 ☐☐☐☐ 가 빨갛게 익어 가고 있어요.

연못 속에 ☐☐☐☐ 구름과 해님이 들어와 있어요.

3 읽을 수 있는 낱말을 소리 내어 읽고 동그라미 하세요.

약속해   열매   열렸다   하얗게
달걀   으국   영국   양 떼   양
염소   얌전하게   역사   얄미워   열어라
옆   연필   연못   연예인   연기   열심히
얌체   결국은   견디다   가냘프게
냠냠   삼켰어요   영원히

4 3에서 낱말 3개를 고른 뒤, 고른 낱말을 넣어 문장을 3개 이상 만들어 보세요.

고른 낱말	양 떼

푸른 들판에서 양 떼가 놀아요.

ㅗ ㅜ가 들어 있는 낱말

1 읽을 수 있는 낱말을 소리 내어 읽고 색칠해 보세요.

- 올빼미
- 올라가
- 우물
- 울타리
- 울다
- 웃음
- 운동장
- 오누이
- 누구세요?
- 솟구치다
- 옷장
- 옷걸이

2 1에서 빈칸에 알맞은 낱말을 찾아 문장을 완성하고 읽어 보세요.

호랑이는 ☐☐☐☐를 찾아다녔습니다.

오누이는 나무로 ☐☐☐☐ 있었습니다.

그런데 호랑이는 ☐☐☐에 비친 오누이를 찾아냈습니다.

3 읽을 수 있는 낱말을 소리 내어 읽고 동그라미 하세요.

웃다   을다   우체국   오리기
옹달샘   웅덩이   옥수수   운동화   운동장
옷장   솟다   누르다   쏙   쑥   온도   도둑
골짜기   공놀이   놀이터   두꺼비   도깨비
두드리다   울보   오두막   서운하다
눕다   높다   두께

4 3에서 낱말 3개를 고른 뒤, 고른 낱말을 넣어 문장을 3개 이상 만들어 보세요.

고른 낱말	운동화

새로 산 운동화를 신고 학교에 갑니다.

 가 들어 있는 낱말

1 읽을 수 있는 낱말을 소리 내어 읽고 색칠해 보세요.

- 용감한
- 용기
- 욕심꾸러기
- 목욕탕
- 정육점
- 유명한
- 사육사
- 용서
- 도롱뇽
- 일요일
- 규칙
- 흉내

2 1에서 빈칸에 알맞은 낱말을 찾아 문장을 완성하고 읽어 보세요.

아빠는 _____ 에 고기 사러 가시고

엄마는 _____ 에 가셨어요.

나는 내 친구 _____ 과 노는데

마치 내가 _____ 가 된 것 같아요.

3 읽을 수 있는 낱말을 소리 내어 읽고 동그라미 하세요.

> 월요일   용기   유치원   요리
> 욕심   육십   정육점   사육사   목요일
> 요리사   유리   유치원   윤기   유리하게
> 규칙   교실   (표지판)   휴지통   효녀
> 효자   흉내   훌륭해   휴게소
> 소유   교육   귤   학교

4 3에서 낱말 3개를 고른 뒤, 고른 낱말을 넣어 문장을 3개 이상 만들어 보세요.

고른 낱말	표지판

표지판을 잘 보고 가세요.

 가 들어 있는 낱말

1 읽을 수 있는 낱말을 소리 내어 읽고 색칠해 보세요.

잎사귀   깊이   그림자   스르르

느긋하게   은인   깃발   드르렁

그늘   은혜   침대   늦잠

2 1에서 빈칸에 알맞은 낱말을 찾아 문장을 완성하고 읽어 보세요.

나무 _____ 들이 살랑살랑 흔들립니다.

_____ 에서는 동물 친구들이 낮잠을 잡니다.

_____ 코 고는 소리마저 한가롭게 느껴집니다.

지켜보던 염소들도 _____ 낮잠이 듭니다.

3 읽을 수 있는 낱말을 소리 내어 읽고 동그라미 하세요.

기다려   느을   이구아나   흐르는
슬기로운   생활   즐거운   글씨   긋기
시소   시원해   기운   신기해   치과   그네
느림보   송곳니   이빨   은은하다   이비인후과
이상하다   이불   음식   으쓱으쓱
드디어   스케이트   (스스로)

4 3에서 낱말 3개를 고른 뒤, 고른 낱말을 넣어 문장을 3개 이상 만들어 보세요.

고른 낱말	스스로

나는 스스로 책가방 정리를 할 수 있습니다.

ㅐ ㅔ 가 들어 있는 낱말

1 읽을 수 있는 낱말을 소리 내어 읽고 색칠해 보세요.

- 친구에게
- 애벌레
- 체조
- 세면대
- 놀이터
- 게으름뱅이
- 신나게
- 술래잡기
- 도깨비
- 재주 부리기
- 즐겁게
- 뭉게구름

2 1에서 빈칸에 알맞은 낱말을 찾아 문장을 완성하고 읽어 보세요.

☐ 에서 신나게 놀고 있는데

하늘에서 ☐ 을 타고

☐ 친구들이 놀러 왔습니다.

도깨비 친구들과 우리는 더욱 신나게 놀았습니다.

44 낱말을 배워요

3 읽을 수 있는 낱말을 소리 내어 읽고 동그라미 하세요.

> 애벌레   절대로   괜찮아   헷갈려
> 게을러지다   네모   민들레   돌멩이   참새
> 찔레꽃   진달래   너에게   줄게   바르게   깨워서
> 그런데   내려요   어떻게   하얗게   예쁘게
> 앵두   꼭대기   (매달리기)   세상은   주세요
> 안경테   가게에서   동네

4 3에서 낱말 3개를 고른 뒤, 고른 낱말을 넣어 문장을 3개 이상 만들어 보세요.

고른 낱말	매달리기

철봉에 오래 매달리기는 어려워요.

ㅘ ㅝ ㅚ ㅙ 가 들어 있는 낱말

1 읽을 수 있는 낱말을 소리 내어 읽고 색칠해 보세요.

- 안 돼!
- 될 거야
- 괜찮아
- 위에서
- 미끄러워요
- 귀여워
- 부끄러워
- 화분에
- 주워 줘
- 태워 줘
- 괴로워
- 무서워

2 1에서 빈칸에 알맞은 낱말을 찾아 문장을 완성하고 읽어 보세요.

비가 그치자 달팽이 가족이 놀러 나왔어요.

"엄마, 나뭇잎이 ▭▭▭▭▭."

"▭▭▭▭▭, 천천히 오렴."

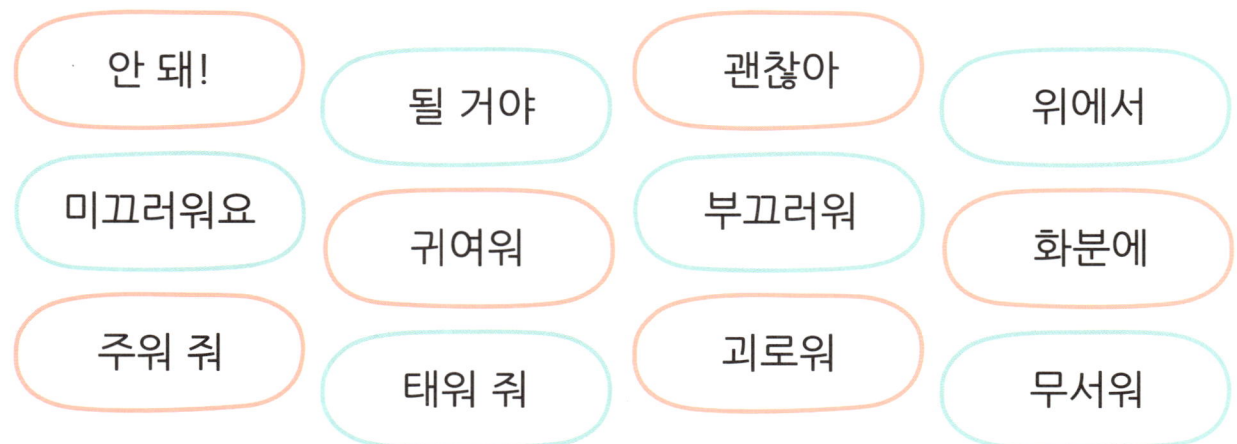

3 읽을 수 있는 낱말을 소리 내어 읽고 동그라미 하세요.

> 위로해 줘서   고마워   되고
>
> 싶은   (회오리바람)   귀뚜라미   돌려줘
>
> 뛰어라   쉬지 않고   그리워   가위   바위   되감기
>
> 활짝   괴물들   괜찮아   위로   윗집   궁궐
>
> 어려워   시끄러워   누워서   뜨거워   추위
>
> 추위   돼지   삼형제   귀여워

4 3에서 낱말 3개를 고른 뒤, 고른 낱말을 넣어 문장을 3개 이상 만들어 보세요.

고른 낱말	회오리바람

회오리바람에 나뭇잎들이 휩쓸려 갔어요.

ㄱ ㄲ ㅋ 이 들어 있는 낱말

1 읽을 수 있는 낱말을 소리 내어 읽고 색칠해 보세요.

묶음	볶음밥	떡볶이	초록색
걱정이다	손톱깎이	부엌	섞다
깎아요	꼭대기	까맣게	낚시

2 1에서 빈칸에 알맞은 낱말을 찾아 문장을 완성하고 읽어 보세요.

오늘은 아빠가 요리하는 날이에요.

아빠는 주문을 받아요.

나는 매콤한 ◯◯◯◯◯ 를 주문하고

엄마는 고소한 ◯◯◯◯◯ 을 주문합니다.

48 낱말을 배워요

3 읽을 수 있는 낱말을 소리 내어 읽고 동그라미 하세요.

ㅤㅤㅤ코끼리ㅤㅤ커튼ㅤㅤ코뿔소

ㅤ꼬불꼬불ㅤㅤ깍두기ㅤㅤ커다란ㅤㅤ꾸러기

깡충깡충ㅤㅤ큼직큼직ㅤㅤ깡통ㅤㅤ부엌ㅤㅤ칙칙폭폭

ㅤ폭포ㅤㅤ꺾기ㅤㅤ묶음ㅤㅤ썩어서ㅤㅤ닦아요

ㅤㅤ해질녘ㅤㅤ카메라ㅤㅤ굴렁쇠ㅤㅤ쿨쿨

ㅤ콜록콜록ㅤㅤ낄낄ㅤㅤ켜다ㅤㅤ끄다ㅤㅤ갈대

4 3에서 낱말 5개를 고른 뒤, 고른 낱말을 넣어 문장을 5개 이상 만들어 보세요.

고른 낱말	코끼리

코끼리는 코로 과자를 집어 먹어요.

5 초성만 나와 있는 낱말입니다.
( ) 안에 알맞은 흉내 내는 말을 넣어 문장을 완성하고 읽어 보세요.

ㄲㅊㄲㅊ	토끼가 뛰는 모양처럼 짧은 다리를 모으고 솟구쳐 뛰는 모양을 말합니다.	토끼가 ( ) 뛰어갑니다.
ㄲㄲ	오리들이 우는 소리입니다. 누군가 큰 소리로 말할 때도 이 말을 쓰기도 합니다.	아기 오리, 엄마 따라 ( ) 소리 내며 나들이 갑니다.
ㅋㅋㅋㅋ	아주 심하게 발 구르는 소리를 말합니다.	화난 동생이 ( ) 소리를 내며 거실로 뛰어들어 옵니다.
ㄲㅂㄲㅂ	이리저리 고부라지는 모양을 말합니다.	( ) 고갯길을 꼬부랑 할머니가 지나갑니다.
ㄲㅌㄲㅌ	몸을 이리저리 구부리거나 비틀며 움직이는 모양입니다.	지렁이가 ( ) 기어갑니다.

정답 : 깡충깡충, 꽥꽥, 쿵쿵쿵쿵, 꼬불꼬불, 꿈틀꿈틀

ㄷ ㄸ ㅌ 이 들어 있는 낱말

1 읽을 수 있는 낱말을 소리 내어 읽고 색칠해 보세요.

닫습니다 떨며 떡 닿으면
덮습니다 땀 딱지 돌멩이
털실 덥습니다 답장 턱

2 1에서 빈칸에 알맞은 낱말을 찾아 문장을 완성하고 읽어 보세요.

가을입니다.

활짝 열어 두었던 창문을 _____.

가을 풀들은 낙엽 이불을 _____.

해가 쨍쨍한 낮에는 _____.

3 읽을 수 있는 낱말을 소리 내어 읽고 동그라미 하세요.

둘레　돌멩이　둘째　단단하다
듣다　닫다　숟가락　걷다　딱지　딱따구리
떡볶이　똑똑하다　밥솥　떳떳하다　뒤뚱뒤뚱
뜨거워　똑같아요　땅따먹기　털모자　꽃밭
탁자　(튼튼하다)　팥죽　발톱　통나무
틀리다　트집　터지다

4 3에서 낱말 5개를 고른 뒤, 고른 낱말을 넣어 문장을 5개 이상 만들어 보세요.

| 고른 낱말 | 튼튼하다 |

형은 날마다 운동을 해서 몸이 튼튼하다.

5 초성만 나와 있는 낱말입니다.
( ) 안에 알맞은 흉내 내는 말을 넣어 문장을 완성하고 읽어 보세요.

ㄸㅂㄸㅂ	당당하고 바르게 걷는 소리입니다.	아빠가 ( ) 걷는 발걸음 소리가 들립니다.
ㄷㄱㄷㄱ	놀라거나 설레어 가슴이 크게 뛰는 모양을 말합니다.	이제 곧 심사 결과가 나온다고 하니 가슴이 ( ) 했습니다.
ㄸㄹㄹ	구슬 같은 작은 물건이 구르며 나는 소리입니다.	구슬 주머니가 열리자 구슬들이 ( ) 굴러갑니다.
ㄸㄲㄸㄲ	덥거나 따뜻한 느낌을 나타내는 말입니다.	막 구운 고구마는 ( )합니다.
ㄷㅋㄷㅋ	단단한 물건들이 서로 부딪쳐 울리는 소리입니다.	울퉁불퉁한 시골길에 수레가 ( ) 소리를 내며 지나갑니다.

정답: 뚜벅뚜벅, 두근두근, 또르르, 뜨끈뜨끈, 덜컹덜컹

 이 들어 있는 낱말

1 읽을 수 있는 낱말을 소리 내어 읽고 색칠해 보세요.

푸릇푸릇   덮다   덥다   앞쪽
옆으로   숲속   겁이 나서   갚을게
뻐꾹뻐꾹   팔랑팔랑   보슬보슬   빨리빨리

2 1 에서 빈칸에 알맞은 낱말을 찾아 문장을 완성하고 읽어 보세요.

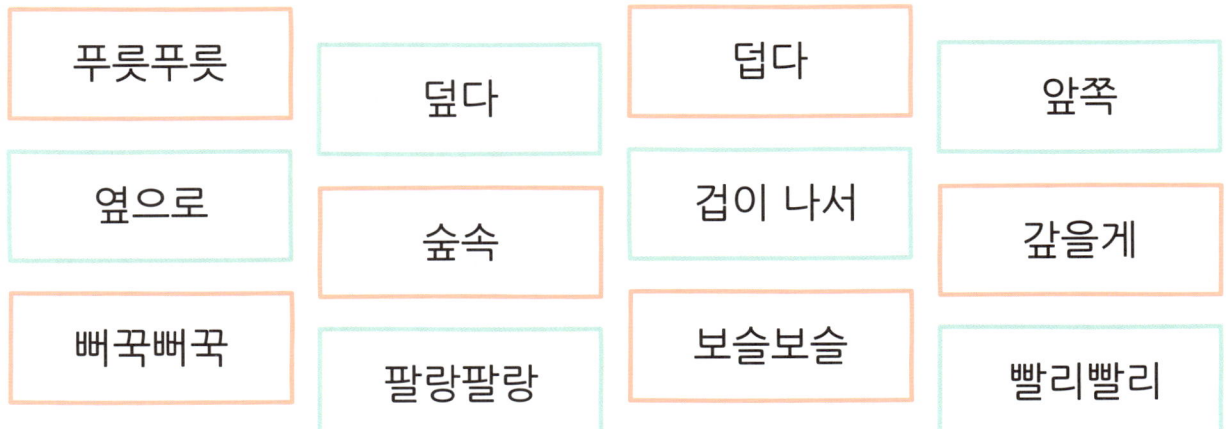

여름 숲속입니다.
____ 나비가 날아갑니다.
____ 뻐꾸기가 웁니다.
____ 한 잎들은 너울너울 춤을 춥니다.
짙은 초록색으로 변하는 여름 숲입니다.

3 읽을 수 있는 낱말을 소리 내어 읽고 동그라미 하세요.

> 뽀드득   뽀글뽀글   깊이   높이
> 부드러워   반듯하게   엎드려   엎어지다   갚을게
> 빨래   발레   겹쳐서   고맙다   깊어요   높아서
> 뻣뻣해   보들보들   밥풀때기   푸릇푸릇   팔랑팔랑
> 팥죽할멈   불어나서   뿔났다   풀 냄새
> 펼쳐요   퍼지다   (피어나다)   뽐내다

4 3에서 낱말 5개를 고른 뒤, 고른 낱말을 넣어 문장을 5개 이상 만들어 보세요.

고른 낱말	피어나다

비가 그치자 꽃들이 앞다퉈 피어나요.

5 초성만 나와 있는 낱말입니다.
( ) 안에 알맞은 흉내 내는 말을 넣어 문장을 완성하고 읽어 보세요.

ㅃㄷㄷ	소복이 쌓인 눈을 밟으면 나는 소리입니다.	하얀 눈 위를 걸으면 (　　　　　) 소리가 납니다.
ㅂㄷㅂㄷ	손이나 다리가 심하게 떨리는 모습입니다.	높은 사다리에 오르자 다리가 (　　　　　) 떨렸습니다.
ㅍㄱㅍㄱ	팽이나 작은 물체가 빠르게 도는 모습입니다.	바람개비가 (　　　　　) 잘도 돌아갑니다.
ㅃㄸㅃㄸ	글씨나 선이 바르지 않고 흐트러진 모습입니다.	눈 위에 그린 선이 (　　　　　) 합니다.
ㅍㄹㅍㄹ	깃발이나 옷이 바람에 나부끼며 내는 소리입니다.	가오리연이 꼬리를 (　　　　　) 하며 높이 날고 있습니다.

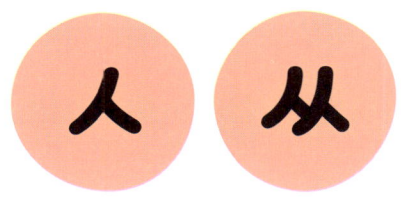

ㅅ ㅆ 이 들어 있는 낱말

2

1 읽을 수 있는 낱말을 소리 내어 읽고 색칠해 보세요.

옷장	씻다	송글송글	쌩쌩
뜻밖에	빗	쓸다	솟다
썰다	쌓아	송곳	썰매

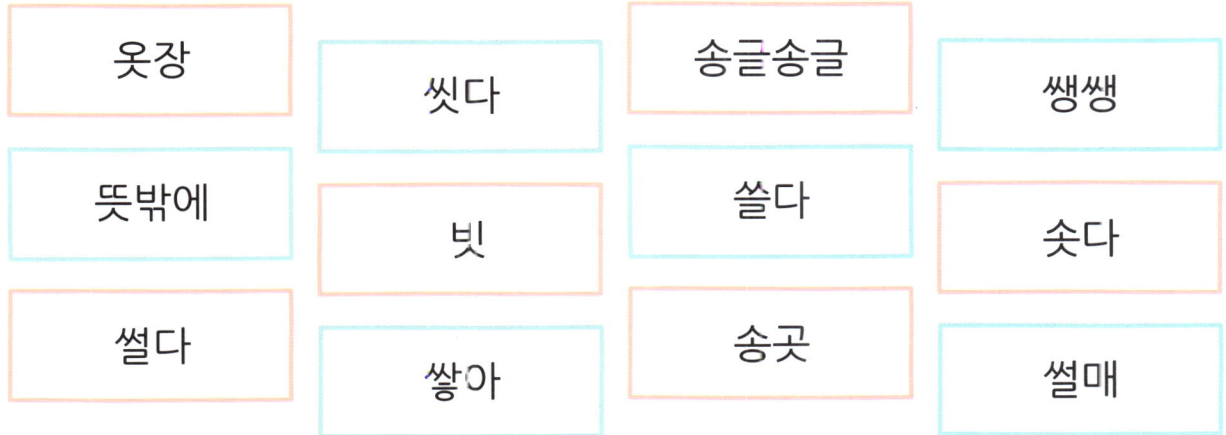

2 1에서 빈칸에 알맞은 낱말을 찾아 문장을 완성하고 읽어 보세요.

겨울이 오면 꽁꽁 언 논에서 (　　　) 를 탑니다.

신나게 놀다 보면 이마에는 땀이 (　　　) 맺힙니다.

(　　　) 불던 찬바람도 시원하게 느껴집니다.

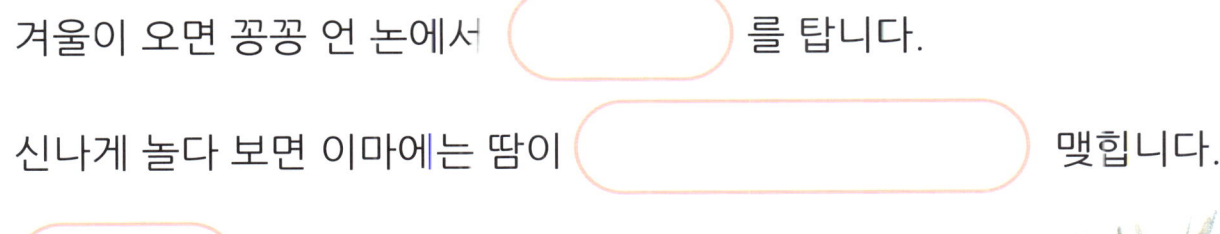

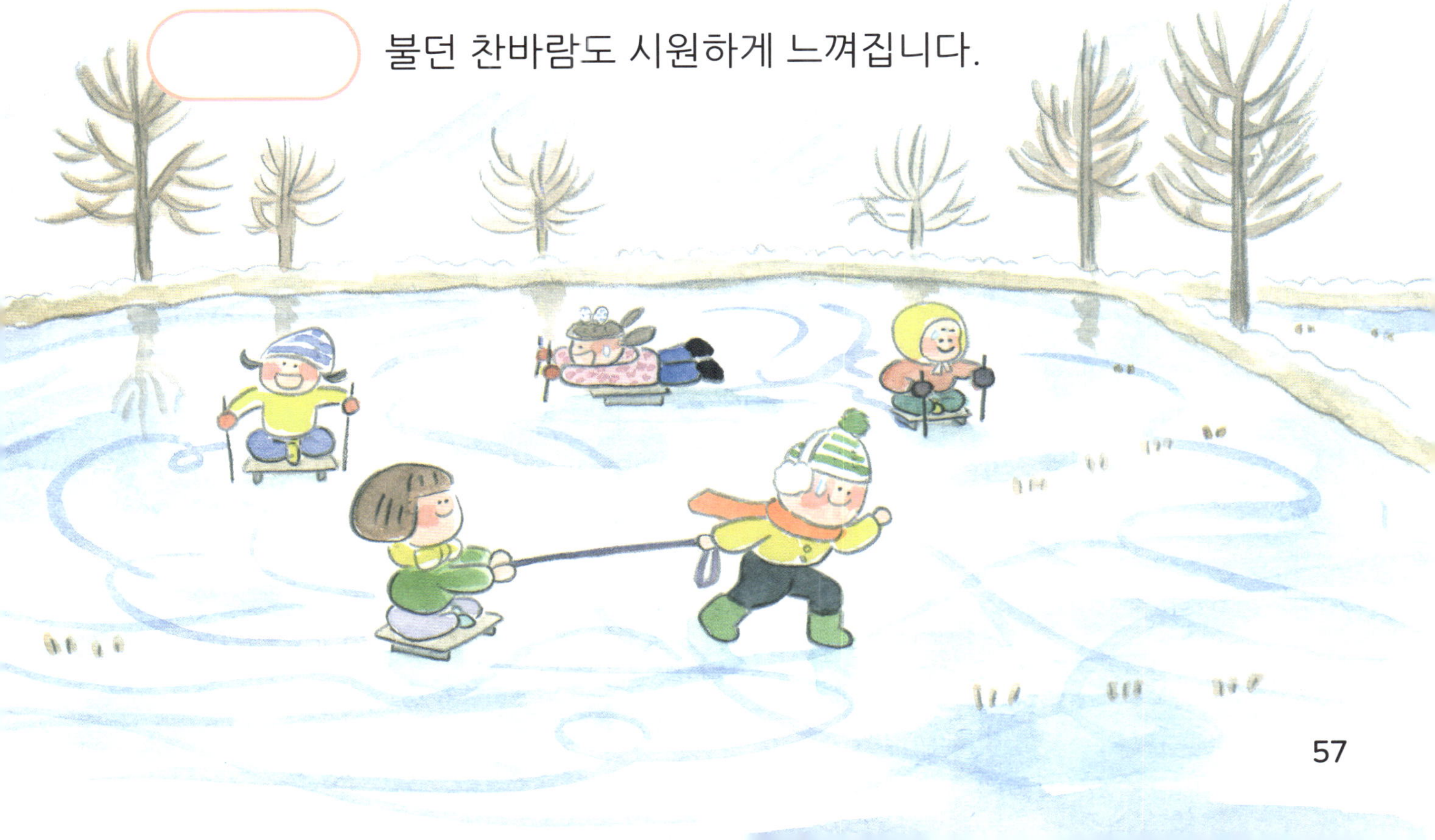

3 읽을 수 있는 낱말을 소리 내어 읽고 동그라미 하세요.

씨앗   싹   쓰레기   새벽

샛별   젓가락   햇과일   헛소리   덧셈

돗자리   사뿐사뿐   쓸쓸해   씻다   시원하다

솜씨   쓰다   쏟다   멋있다   맛있다   씩씩하게

썰어서   쓸고   날씨   싸늘하게   ⬭새콤하다⬭

새싹   시냇물   햇빛

4 3에서 낱말 5개를 고른 뒤, 고른 낱말을 넣어 문장을 5개 이상 만들어 보세요.

| 고른 낱말 | 새콤하다 |

내가 먹은 사과는 새콤한 맛이에요.

5 초성만 나와 있는 낱말입니다.
( ) 안에 알맞은 흉내 내는 말을 넣어 문장을 완성하고 읽어 보세요.

ㅆㅆ	한겨울에 세찬 바람이 부는 모습입니다.	겨울바람이 (　　　) 붑니다.
ㅅㄱㅅㄱ	소리 없이 다가가는 모습입니다.	형이 잠든 사이에 (　　　) 형 방에 들어갔습니다.
ㅇㅆㅇㅆ	우쭐하는 마음으로 어깨를 들썩이는 모습입니다.	아빠가 칭찬하자 영희는 (　　　) 어깨춤을 춥니다.
ㅆㄷㅆㄷ	종이나 무를 써는 모습이나 소리입니다.	엄마가 무를 (　　　) 썰고 있습니다.
ㅆㅇㅆㅇ	소나기가 갑자기 내리거나 파도가 밀려오며 내는 소리입니다.	바닷가에 앉아 있으면 (　　　) 파도 소리가 들려옵니다.

정답: 쌩쌩, 살금살금, 으쓱으쓱, 싹둑싹둑, 쏴아쏴아

ㅈ ㅊ ㅉ 이 들어 있는 낱말

1 읽을 수 있는 낱말을 소리 내어 읽고 색칠해 보세요.

불빛	짧아서	짖습니다	늦었다
잊었다	찾아	찢다	쫓았다
맞았다	잠잠해집니다	찡그리고	깜짝 놀랐다

2 1에서 빈칸에 알맞은 낱말을 찾아 문장을 완성하고 읽어 보세요.

저녁 무렵입니다. 놀던 친구들이 집으로 들어갑니다.

새들도 자기들의 둥지를 □□□□ 들어갑니다.

강아지들은 지는 해를 보며 멍멍 □□□□□□.

어둠이 깃들면 시끌벅쩍하던 놀이터도 □□□□□□□.

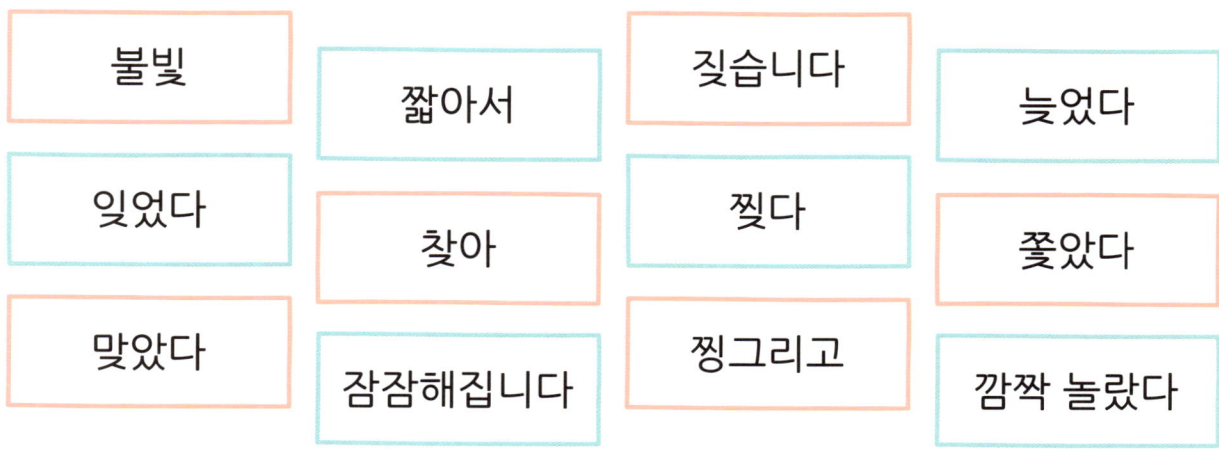

60 낱말을 배워요

3 읽을 수 있는 낱말을 소리 내어 읽고 동그라미 하세요.

찢다   찾다   늦다   잡다   춥다
추위   짜다   찡그리다   쨍그랑   짝꿍   짧다
쩔쩔매다   쫄랑쫄랑   빛나다   (햇빛)   천둥
출렁출렁   축구   쫑긋   쨍쨍   쩌렁쩌렁
줄넘기   차다   치우다   처음   절약
줄이다   쭈그리고

4 3에서 낱말 5개를 고른 뒤, 고른 낱말을 넣어 문장을 5개 이상 만들어 보세요.

| 고른 낱말 | 햇빛 |

햇빛이 창문을 밝게 비춥니다.

5 초성만 나와 있는 낱말입니다.
( ) 안에 알맞은 흉내 내는 말을 넣어 문장을 완성하고 읽어 보세요.

ㅉㄱㅉㄱ	동물의 귀가 빳빳하게 선 모습입니다.	토끼는 귀를 (　　　　　) 하며 여기저기를 살핍니다.
ㅉㅉ	햇볕이 아주 밝고 빛나는 모습입니다.	여름 햇볕은 (　　　　) 합니다.
ㅈㅈㅈ	작은 시냇물이나 냇물이 흐르는 소리입니다.	봄이 되자 냇물이 녹아 (　　　　　) 흐릅니다.
ㅈㅈㅈㅈ	낮은 목소리로 빠르게 이야기하는 소리입니다.	오랜만에 만나 아이들은 (　　　　　) 하며 웃음꽃을 피웠습니다.
ㅉㄱㄹ	유리창 등이 깨지는 소리입니다.	야구공이 날아들어 유리창이 (　　　　) 깨졌습니다.

정답 : 쫑긋쫑긋, 쨍쨍, 졸졸졸, 재잘재잘, 쨍그랑

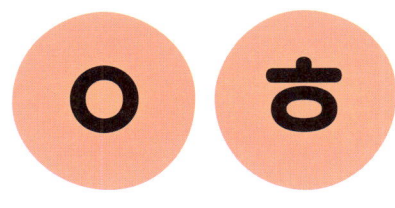 이 들어 있는 낱말

1 읽을 수 있는 낱말을 소리 내어 읽고 색칠해 보세요.

낳았다	닿다	좋다	사이좋게
헤엄	햇볕	호기심	화창하다
홀쭉해서	함께	헤어지다	희다

2 1에서 빈칸에 알맞은 낱말을 찾아 문장을 완성하고 읽어 보세요.

개구리 두 마리가 ⬭ 길을 나섰지요.

⬭ 을 쬐며 걷기도 하고 함께 ⬭ 도 치면서

⬭ 여행을 했답니다.

3 읽을 수 있는 낱말을 소리 내어 읽고 동그라미 하세요.

닿다   낳다   올빼미   호루라기
훌륭해   용기   어려워   함부로   협력하여
훔치다   한글   한숨   한가위   위험해요
호랑이굴   활짝   훌쩍   윙크   좋아요   왼쪽
웬일이야?   왠지   옛날   옛적에   외로워
회사원   은혜   해치다   (휘청휘청)   훨훨

4 3에서 낱말 5개를 고른 뒤, 고른 낱말을 넣어 문장을 5개 이상 만들어 보세요.

고른 낱말	휘청휘청

쌩쌩 부는 바람에 나뭇가지가 휘청휘청했다.

5 초성만 나와 있는 낱말입니다.
( ) 안에 알맞은 흉내 내는 말을 넣어 문장을 완성하고 읽어 보세요.

ㅇㄱㅈㄱ	사람이나 동물들이 좁은 곳에 모여 있는 모습입니다.	친구들은 교실 뒷쪽에 ( ) 모여 이야기꽃을 피웠습니다.
ㅇㅈㅇㅈ	아이들이 걷기 시작하는 모습입니다.	돌이 지나자 동생은 ( ) 걷기 시작했습니다.
ㅎㅉㅎㅉ	콧물과 눈물을 삼키며 우는 소리입니다.	엄마를 기다리던 영희는 ( ) 울기 시작합니다.
ㅎㄷㅎㄷ	가느다란 것이 이리저리 자꾸 흔들리는 모양입니다.	코스모스가 ( ) 흔들리며 피어 있습니다.
ㅎㅎ	새가 높이 나는 모습입니다.	두루미가 날갯짓을 하며 ( ) 날아갑니다.

정답 : 옹기종기, 아장아장, 훌쩍훌쩍, 하늘하늘, 훨훨

숨은그림찾기

- 다음 그림에서 보기에 있는 낱말을 찾아 동그라미 하세요.

보기

버섯   우산   숟가락   칫솔   열쇠
모자   포크   당근   사과

숨은그림찾기

● 다음 그림에서 보기에 있는 낱말을 찾아 동그라미 하세요.

보기

딸기　　나팔　　나비　　잠자리　　리본
탬버린　　뱀　　컵　　안경　　깃발

3

풀이말을 배워요

풀이말에는 어떤 상황을 묘사하는 형용사, 움직임이나 변화를 나타내는 동사가 있습니다. 풀이말을 알면 나의 문장력이 껑충 올라가는 걸 느낄 수 있습니다. 풀이말에서 표현하는 힘이 나오기 때문입니다. 비슷한 소리가 나는 풀이말의 쓰임을 배워 보아요.

풀이말 배우기			
갔다 / 갖다	월	일	요일
덮다 / 덥다	월	일	요일
익다 / 읽다	월	일	요일
잊다 / 잃다	월	일	요일
안다 / 앉다	월	일	요일
짓다 / 짖다	월	일	요일
쏟다 / 솟다	월	일	요일
담다 / 닮다	월	일	요일
막다 / 맑다	월	일	요일
찼다 / 찾다	월	일	요일
났다 / 낳다	월	일	요일
닫다 / 닿다	월	일	요일

갔다 / 갖다

1 다음 풀이말을 읽어 보세요.

갔다   갖다

2 다음 문장을 소리 내어 읽고 '갔다'가 바뀐 낱말은 빨간색, '갖다'가 바뀐 낱말은 파란색으로 동그라미 하세요.

- 어제 오후 친구 집에 놀러 갔다.

- 나는 귀여운 곰 인형을 갖고 싶다.

- 학교 가기 싫어요.

- 나는 새 신발을 갖고 싶어요.

- 바다에 가면 모래성을 쌓고 놀아야지.

- 생일에는 평소에 갖고 싶은 선물을 받을 수 있다.

3 '갔다'와 어울리는 이름씨에는 빨간색, '갖다'와 어울리는 이름씨에는 파란색으로 동그라미 하세요. 모두 어울리는 것에는 두 가지 색으로 동그라미 해도 됩니다.

색연필	인형	바다	새 신발
학교	집	장갑	산
우산	시장	놀이터	장난감

> 이름씨는 사물의 이름을 가리키는 말이에요.

> 풀이말은 움직임이나 상태를 나타내는 말이에요.

4 3에서 이름씨를 고르고, 어울리는 풀이말로 문장을 만들어 보세요.

고른 이름씨 인형

인형을 갖고 놀았어요.

덮다 / 덥다

1 다음 풀이말을 읽어 보세요.

덮다 　　　　　덥다

2 다음 문장을 소리 내어 읽고 '덮다'가 바뀐 낱말은 빨간색, '덥다'가 바뀐 낱말은 파란색으로 동그라미 하세요.

- 오늘은 날씨가 더워서 선풍기를 틀었다.
- 잘 때는 이불을 꼭 덮고 자렴.
- 무당벌레가 낙엽을 덮고 겨울잠을 잡니다.
- 구름이 하늘을 뒤덮어서 갑자기 깜깜해졌어요.
- 여름이 다가오니 점점 더워진다.
- 먹다 남은 음식은 뚜껑을 잘 덮어 두어야 한다.

3 '덮다'와 어울리는 이름씨에는 빨간색, '덥다'와 어울리는 이름씨에는 파란색으로 동그라미 하세요. 모두 어울리는 것에는 두 가지 색으로 동그라미 해도 됩니다.

담요	이불	땀	여름
선풍기	부채	보자기	햇볕
낮	뚜껑	겉옷	구름

4 3에서 이름씨를 고르고, 어울리는 풀이말로 문장을 만들어 보세요.

고른 이름씨 뚜껑

할머니는 항아리 뚜껑을 덮었다.

익다 / 읽다

1 다음 풀이말을 읽어 보세요.

익다　　　　　　　　읽다

2 다음 문장을 소리 내어 읽고 '익다'가 바뀐 낱말은 빨간색, '읽다'가 바뀐 낱말은 파란색으로 동그라미 하세요.

- 가을이 되니 과일이 익어 간다.
- 책을 읽다가 잠이 들었다.
- 신문을 읽던 아버지가 나를 불렀다.
- 고구마가 먹기 좋게 익었어요.
- 책을 많이 읽으면 생각 주머니가 커져요.
- 잘 익은 감이 주황빛으로 물들어 갑니다.

3 '익다'와 어울리는 이름씨에는 빨간색, '읽다'와 어울리는 이름씨에는 파란색으로 동그라미 하세요. 모두 어울리는 것에는 두 가지 색으로 동그라미 해도 됩니다.

감	책	신문	그림책
사과	광고지	밤	쪽지
편지	벼	열매	고구마

4 3에서 이름씨를 고르고, 어울리는 풀이말로 문장을 만들어 보세요.

고른 이름씨 감

감이 주황빛으로 익어 갑니다.

잊다 / 잃다

1 다음 풀이말을 읽어 보세요.

잊다　　　　　　　잃다

2 다음 문장을 소리 내어 읽고 '잊다'가 바뀐 낱말은 빨간색, '잃다'가 바뀐 낱말은 파란색으로 동그라미 하세요.

- 어제 오후 친구랑 만나기로 한 약속을 잊고 집에 있었다.

- 내가 아끼던 색연필을 잃어버려서 속상하다.

- 길을 잃어버리지 말고 잘 다녀와라.

- 엄마가 한 말을 잊으면 안 돼.

- 할머니 얼굴을 잊지 않기 위해 오늘도 할머니 사진을 봅니다.

- 물건을 잃어버리지 않으려면 제자리에 정돈을 해 놔야지.

3 '잊다'와 어울리는 이름씨에는 빨간색, '잃다'와 어울리는 이름씨에는 파란색으로 동그라미 하세요. 모두 어울리는 것에는 두 가지 색으로 동그라미 해도 됩니다.

색연필	약속	숙제	신발
제목	전화번호	장갑	얼굴
우산	배운 내용	할 일	장난감

4 3에서 이름씨를 고르고, 어울리는 풀이말로 문장을 만들어 보세요.

고른 이름씨 전화번호

친구의 전화번호를 잊어 버려서 당황했다.

안다 / 앉다

1 다음 풀이말을 읽어 보세요.

안다　　　　　　　　앉다

2 다음 문장을 소리 내어 읽고 '안다'가 바뀐 낱말은 빨간색, '앉다'가 바뀐 낱말은 파란색으로 동그라미 하세요.

- 나는 엄마가 안아 주는 게 좋아요.
- 모두 자리에 앉아요.
- 나는 곰 인형을 안고 잡니다.
- 축하 꽃다발을 안고서 무대에 다시 올라갔어요.
- 내 좌석을 찾아서 앉으니 영화가 시작되었다.
- 나뭇가지에 앉아서 노래하는 새가 눈에 띄었어요.

3 '안다'와 어울리는 이름씨에는 빨간색, '앉다'와 어울리는 이름씨에는 파란색으로 동그라미 하세요. 모두 어울리는 것에는 두 가지 색으로 동그라미 해도 됩니다.

할머니	엄마	벤치	자리
아기	의자	인형	동생
돗자리	방석	소파	잔디밭

4 3에서 이름씨를 고르고, 어울리는 풀이말로 문장을 만들어 보세요.

고른 이름씨 소파

동생은 소파에 앉아서 책을 읽었어요.

짓다 / 짖다

1 다음 풀이말을 읽어 보세요.

짓다　　　　　　　짖다

2 다음 문장을 소리 내어 읽고 '짓다'가 바뀐 낱말은 빨간색, '짖다'가 바뀐 낱말은 파란색으로 동그라미 하세요.

- 우리 가족은 큰 집을 지어서 할머니 할아버지와 함께 살게 되었어요.
- 비둘기는 둥지를 짓기 위해 여러 가지 재료를 물어 나릅니다.
- 옆집 강아지가 큰 소리로 짖어서 시끄러워요.
- 농부는 농사를 짓습니다.
- 우리는 모래밭에서 두꺼비집 짓기 놀이를 했어요.
- 주말에는 아빠가 밥을 짓고 우리는 청소를 해요.

3 '짓다'와 어울리는 이름씨에는 빨간색, '짖다'와 어울리는 이름씨에는 파란색으로 동그라미 하세요. 모두 어울리는 것에는 두 가지 색으로 동그라미 해도 됩니다.

개	밥	컹컹	까마귀
학교	집	둥지	농사
약	까치	절	죄

4 3에서 이름씨를 고르고, 어울리는 풀이말로 문장을 만들어 보세요.

고른 이름씨 까마귀

까마귀가 깍깍 짖어요.

쏟다 / 솟다

1 다음 풀이말을 읽어 보세요.

쏟다　　　　　　　　솟다

2 다음 문장을 소리 내어 읽고 '쏟다'가 바뀐 낱말은 빨간색, '솟다'가 바뀐 낱말은 파란색으로 동그라미 하세요.

- 샘물이 퐁퐁 솟아올라 오는 게 신기해요.

- 높게 솟은 산이 불쑥 나타났어요.

- 병 안에 있는 물을 쏟아 버리고 새 물을 담아요.

- 불길이 갑자기 솟아서 깜짝 놀랐어요.

- 응원을 받자 힘이 솟아올라요.

- 내가 그린 그림에 동생이 우유를 쏟아서 속상해요.

3 '쏟다'와 어울리는 이름씨에는 빨간색, '솟다'와 어울리는 이름씨에는 파란색으로 동그라미 하세요. 모두 어울리는 것에는 두 가지 색으로 동그라미 해도 됩니다.

물	불	장난감	주스
산	달	샘물	우유
해	힘	코피	노력

4 3에서 이름씨를 고르고, 어울리는 풀이말로 문장을 만들어 보세요.

고른 이름씨: 해

드디어 붉은 해가 솟아올랐어요.

담다 / 닮다

1 다음 풀이말을 읽어 보세요.

담다

닮다

2 다음 문장을 소리 내어 읽고 '담다'가 바뀐 낱말은 빨간색, '닮다'가 바뀐 낱말은 파란색으로 동그라미 하세요.

- 바닥에 쏟은 블록을 바구니에 담아라.
- 아이랑 엄마랑 눈이 똑 닮았네요.
- 할머니는 나랑 동생이랑 닮은꼴이라고 말씀하셨어요.
- 우리 가족은 과일과 간식을 바구니에 담았어요.
- 물병에 물을 담아서 학교에 갑니다.
- 이 책에는 신나는 이야기가 가득 담겨 있어요.

3 '담다'와 어울리는 이름씨에는 빨간색, '닮다'와 어울리는 이름씨에는 파란색으로 동그라미 하세요. 모두 어울리는 것에는 두 가지 색으로 동그라미 해도 됩니다.

손 모양	그릇	병	발가락 모양
마음	눈	바구니	얼굴
식습관	항아리	쌍둥이	코

4 3에서 이름씨를 고르고, 어울리는 풀이말로 문장을 만들어 보세요.

고른 이름씨: 마음

우리의 추억을 마음에 담아요.

막다 / 맑다

1 다음 풀이말을 읽어 보세요.

막다　　　　　　　맑다

2 다음 문장을 소리 내어 읽고 '막다'가 바뀐 낱말은 빨간색, '맑다'가 바뀐 낱말은 파란색으로 동그라미 하세요.

- 사람들이 지나다니는 길을 막지 마세요.
- 삼 형제는 물길을 막아 둑을 쌓기 시작했다.
- 상대편의 공격을 막으려면 수비 위치가 중요해요.
- 천둥 번개까지 치던 하늘이 어느새 맑게 개었어요.
- 맑은 5월의 하늘이 눈부셔요.
- 깊은 산속에서 발견한 옹달샘은 아주 맑았어요.

3 '막다'와 어울리는 이름씨에는 빨간색, '맑다'와 어울리는 이름씨에는 파란색으로 동그라미 하세요. 모두 어울리는 것에는 두 가지 색으로 동그라미 해도 됩니다.

싸움	샘물	시냇물	귀
하늘	전쟁	길	큰일
피해	날씨	공격	목소리

4 3에서 이름씨를 고르고, 어울리는 풀이말로 문장을 만들어 보세요.

고른 이름씨: 하늘

하늘이 맑아서 나들이는 더욱 즐거웠어요.

찼다 / 찾다

1 다음 풀이말을 읽어 보세요.

찼다   찾다

2 다음 문장을 소리 내어 읽고 '찼다'가 바뀐 낱말은 빨간색, '찾다'가 바뀐 낱말은 파란색으로 동그라미 하세요.

- 우리는 학교가 끝난 후 즐겨 찾던 놀이터로 갔다.

- 공을 찰 때는 운동장에 나가서 차렴.

- 형이 제기를 찼어요.

- 잃어버린 물건을 찾아가세요.

- 나는 화가 나서 돌멩이를 힘껏 찼다.

- 길을 잃고 헤매고 있는데 엄마가 나를 찾았다.

3 '찾다'와 어울리는 이름씨에는 빨간색, '찼다'와 어울리는 이름씨에는 파란색으로 동그라미 하세요. 모두 어울리는 것에는 두 가지 색으로 동그라미 해도 됩니다.

연필	제기	물통	공
손님	다른 점	신발 한 짝	창고
틀린 글자	구경꾼	기억	길

4 3에서 이름씨를 고르고, 어울리는 풀이말로 문장을 만들어 보세요.

고른 이름씨 구경꾼

공연이 시작되자 구경꾼으로 극장은 가득 찼다.

났다 / 낳다

1 다음 풀이말을 읽어 보세요.

났다   낳다

2 다음 문장을 소리 내어 읽고 '났다'가 바뀐 낱말은 빨간색, '낳다'가 바뀐 낱말은 파란색으로 동그라미 하세요.

- 언니의 얼굴에 여드름이 나기 시작했다.

- 닭이 알을 낳았다.

- 오늘은 우리 강아지가 새끼를 낳는 날이다.

- 더운 날이라 땀이 삐질삐질 났다.

- 찬 것을 많이 먹었더니 배탈이 났다.

- 천장에서 이상한 소리가 나기 시작했다.

3 '났다'와 어울리는 이름씨에는 빨간색, '낳다'와 어울리는 이름씨에는 파란색으로 동그라미 하세요. 모두 어울리는 것에는 두 가지 색으로 동그라미 해도 됩니다.

소리	새끼	폼	알
자식	땀	생각	소문
병	냄새	아기	배탈

4 3에서 이름씨를 고르고, 어울리는 풀이말로 문장을 만들어 보세요.

고른 이름씨: 소문

내가 상을 탔다는 것이 온 동네에 소문이 났다.

닫다 / 닿다

1 다음 풀이말을 읽어 보세요.

닫다

닿다

2 다음 문장을 소리 내어 읽고 '닫다'가 바뀐 낱말은 빨간색, '닿다'가 바뀐 낱말은 파란색으로 동그라미 하세요.

- 닫혀 있던 창문을 열자 시원한 바람이 들어왔다.
- 팔꿈치가 닿자 짝꿍이 화를 냈다.
- 손이 땅에 닿도록 허리를 굽혀요.
- 위험한 물건들은 동생 손이 닿지 않도록 높이 올려놓았다.
- 친구랑 싸워서 마음의 문을 닫아 버렸다.
- 찬바람이 들어오니 문을 닫아라.

3 '닫다'와 어울리는 이름씨에는 빨간색, '닿다'와 어울리는 이름씨에는 파란색으로 동그라미 하세요. 모두 어울리는 것에는 두 가지 색으로 동그라미 해도 됩니다.

꼭대기	천장	얼굴	발길
방문	뚜껑	부두	하늘
창문	가게	대문	땅

4 3에서 이름씨를 고르고, 어울리는 풀이말로 문장을 만들어 보세요.

고른 이름씨: 하늘

머리가 하늘까지 닿겠네.

삼행시 짓기

- 내 이름으로 삼행시를 지어 보세요.

  이름이 세 자 이상이면 아래에 동그라미를 더 그린 뒤 지어 보세요.

이름:

- 가족의 이름으로 삼행시를 지어 보세요.

이름:

삼행시 짓기

- 선생님의 이름으로 삼행시를 지어 보세요.

이름:

○ :

○ :

○ :

- 친구의 이름으로 삼행시를 지어 보세요.

이름:

○ :

○ :

○ :

4

반대말을 배워요

반대말을 정확하게 알면 문장 표현이 정확해집니다.
반대말을 문장의 맥락에 맞게 사용하면 정확하고 적절한 표현이 됩니다.
생활에서 흔히 쓰는 낱말의 반대말을 배워 보아요.

반대말 배우기

많다 / 적다	월	일	요일
크다 / 작다	월	일	요일
무겁다 / 가볍다	월	일	요일
길다 / 짧다	월	일	요일
넓다 / 좁다	월	일	요일
시끄럽다 / 조용하다	월	일	요일
높다 / 낮다	월	일	요일
굵다 / 가늘다	월	일	요일
두껍다 / 얇다	월	일	요일
빠르다 / 느리다	월	일	요일
밝다 / 어둡다	월	일	요일
나타나다 / 사라지다	월	일	요일
기억하다 / 잊다	월	일	요일
비우다 / 채우다	월	일	요일
모자라다 / 넉넉하다	월	일	요일
밀다 / 당기다	월	일	요일

4

많다 / 적다

1 다음 낱말과 문장을 읽어 보세요.

많다	적다

잔에 물이 많이 남았어요.	잔에 물이 적게 남았어요.

2 다음 문장을 소리 내어 읽고 '많다'가 바뀐 낱말은 빨간색, '적다'가 바뀐 낱말은 파란색으로 동그라미 하세요.

- 오늘은 숙제가 많아서 힘들었어요.
- 놀 시간이 적어서 아쉬워요.
- 아침밥을 너무 적게 먹으면 금방 배고플 텐데 더 먹으렴.
- 식구가 많은 가족이 부러워요.

3 '많다' 또는 '적다'의 낱말을 적절히 바꿔서 문장을 만들어 보세요.

늪에는 악어가 많이 살아요.

크다 / 작다

1 다음 낱말과 문장을 읽어 보세요.

크다	작다

기린은 키가 커요.	토끼는 키가 작아요.

2 다음 문장을 소리 내어 읽고 '크다'가 바뀐 낱말은 빨간색, '작다'가 바뀐 낱말은 파란색으로 동그라미 하세요.

- 키가 크면 좋겠어요.
- 내 동생은 나보다 키가 작아요.
- 형이 물려준 옷이 나에게는 아직 커요.
- 작년에 입은 옷이 작아서 동생에게 주었어요.

3 '크다' 또는 '작다'의 낱말을 적절히 바꿔서 문장을 만들어 보세요.

놀이터에서 아이들 노는 소리가 크게 들렸어요.

무겁다 / 가볍다

1 다음 낱말과 문장을 읽어 보세요.

무겁다	가볍다
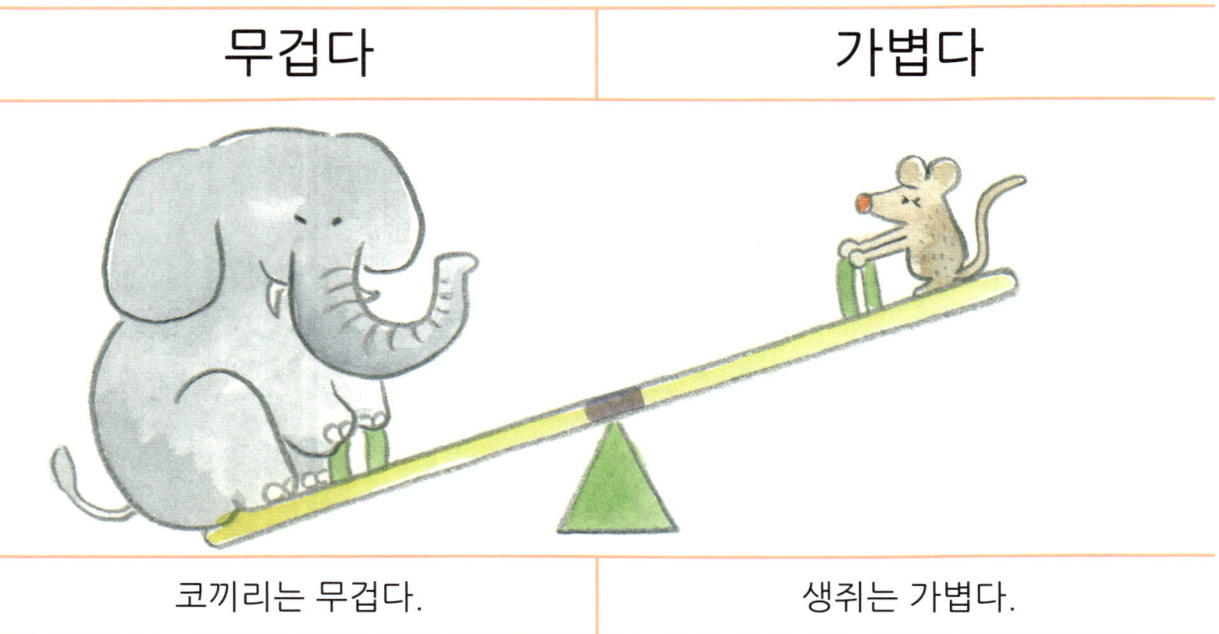	
코끼리는 무겁다.	생쥐는 가볍다.

2 다음 문장을 소리 내어 읽고 '무겁다'가 바뀐 낱말은 빨간색, '가볍다'가 바뀐 낱말은 파란색으로 동그라미 하세요.

- 내가 형이니까 무거운 짐을 들어요.
- 동생은 아직 어려서 가벼운 짐을 들지요.
- 교과서를 모두 넣었더니 가방이 무거워졌어요.
- 숙제를 다 했더니 마음이 가벼워요.

3 '무겁다' 또는 '가볍다'의 낱말을 적절히 바꿔서 문장을 만들어 보세요.

가방이 무거우면 내려놓아라.

길다 / 짧다

1 다음 낱말과 문장을 읽어 보세요.

길다	짧다

연두색 색연필이 더 길다.	주황색 색연필이 더 짧다.

2 다음 문장을 소리 내어 읽고 '길다'가 바뀐 낱말은 빨간색, '짧다'가 바뀐 낱말은 파란색으로 동그라미 하세요.

- 선물을 포장하는데 끈이 짧아서 묶지 못하겠어요.
- 소매가 너무 길어요.
- 기다리는 사람들이 길게 늘어서 있어요.
- 긴 머리를 찰랑거리며 뛰어갔어요.

3 '길다' 또는 '짧다'의 낱말을 적절히 바꾸서 문장을 만들어 보세요.

긴 국수 가락을 들어 올려 후루룩 먹는 게 재미있어요.

넓다 / 좁다

1 다음 낱말과 문장을 읽어 보세요.

넓다	좁다

이쪽 입구는 아주 넓어서 쉽게 들어가겠군.	이쪽 입구는 너무 좁아서 들어갈 수가 없어.

2 다음 문장을 소리 내어 읽고 '넓다'가 바뀐 낱말은 빨간색, '좁다'가 바뀐 낱말은 파란색으로 동그라미 하세요.

- 넓은 바닷가에 작은 바위나리 꽃이 피어 있어요.
- 좁은 입구를 지나니 넓은 마당이 나타났어요.
- 내 자리가 좁으니 옆으로 살짝 가 주세요.
- 좁은 골목에서 공놀이를 하지 말고 넓은 공터로 가렴.

3 '넓다' 또는 '좁다'의 낱말을 적절히 바꿔서 문장을 만들어 보세요.

넓은 하늘에 작은 별 하나가 떠 있다.

시끄럽다 / 조용하다

1 다음 낱말과 문장을 읽어 보세요.

시끄럽다	조용하다

시끄러워서 귀를 막았어요.	조용한 곳에 오니 마음이 평온해졌어요.

2 다음 문장을 소리 내어 읽고 '시끄럽다'가 바뀐 낱말은 빨간색, '조용하다'가 바뀐 낱말은 파란색으로 동그라미 하세요.

- 밤이 되자 사방은 쥐 죽은 듯 조용해졌어요.
- 아침이 되자 알람시계는 시끄럽게 울렸어요.
- 시끄러운 교실에 담임 선생님이 나타나자 갑자기 조용해졌어요.
- 시끄러워서 잠을 잘 수가 없어요.

3 '시끄럽다' 또는 '조용하다'의 낱말을 적절히 바꿔서 문장을 만들어 보세요.

조용히 앉아서 차례를 기다리렴.

높다 / 낮다

1 다음 낱말과 문장을 읽어 보세요.

높다	낮다

높은 빌딩숲이 갑자기 나타났다.	낮은 주택가를 지나면 산책로가 있다.

2 다음 문장을 소리 내어 읽고 '높다'가 바뀐 낱말은 빨간색, '낮다'가 바뀐 낱말은 파란색으로 동그라미 하세요.

- 솔개는 하늘 높이 날고 있었어요.
- 배가 고픈 새들은 낮게 날며 물속을 들여다봅니다.
- 물은 낮은 곳으로 흘러요.
- 우리 동네에서 가장 높은 빌딩은 어디일까요?

3 '높다' 또는 '낮다'의 낱말을 적절히 바꿔서 문장을 만들어 보세요.

누가 더 높게 뛸까?

굵다 / 가늘다

1 다음 낱말과 문장을 읽어 보세요.

굵다	가늘다

코끼리 다리는 굵다.	홍학의 다리는 가늘다.

2 다음 문장을 소리 내어 읽고 '굵다'가 바뀐 낱말은 빨간색, '가늘다'가 바뀐 낱말은 파란색으로 동그라미 하세요.

- 오누이는 굵은 밧줄을 타고 하늘로 올라갔어요.
- 아빠의 목소리는 굵고 커요.
- 어디선가 가느다란 신음 소리가 들려왔어요.
- 강낭콩 줄기가 너무 가늘어서 지지대를 해 주었어요.

3 '굵다' 또는 '가늘다'의 낱말을 적절히 바꾸어서 문장을 만들어 보세요.

감자 줄기를 잡아당기자 굵은 감자들이 툭툭 나왔다.

두껍다 / 얇다

1 다음 낱말과 문장을 읽어 보세요.

두껍다	얇다

두꺼운 이불을 덮으니 덥다.	얇은 이불을 덮으니 춥다.

2 다음 문장을 소리 내어 읽고 '두껍다'가 바뀐 낱말은 빨간색, '얇다'가 바뀐 낱말은 파란색으로 동그라미 하세요.

- 선생님은 얇은 겉옷을 하나씩 챙겨 오라고 하셨다.
- 밀가루 반죽을 얇게 밀었다.
- 두꺼운 외투보다 얇은 옷을 여러 겹 입어라.
- 겨울이 되면 엄마는 두꺼운 이불을 내놓아요.

3 '두껍다' 또는 '얇다'의 낱말을 적절히 바꿔서 문장을 만들어 보세요.

당근을 얇게 썰어요.

빠르다 / 느리다

1 다음 낱말과 문장을 읽어 보세요.

빠르다	느리다

나는 빠르게 달려.	나는 느리지만 쉬지 않고 가지.

2 다음 문장을 소리 내어 읽고 '빠르다'가 바뀐 낱말은 빨간색, '느리다'가 바뀐 낱말은 파란색으로 동그라미 하세요.

- 거북이는 가장 느리게 결승선을 통과했어요.
- 토끼는 빠르게 달려 나갔어요.
- 빠른 걸음으로 골대를 돌고 와요.
- 친구는 느린 말투로 이야기를 시작했어요.

3 '빠르다' 또는 '느리다'의 낱말을 적절히 바꾸어서 문장을 만들어 보세요.

신호와 함께 우리는 빠르게 앞으로 나아갔다.

107

밝다 / 어둡다

1 다음 낱말과 문장을 읽어 보세요.

밝다	어둡다

밝은 창가 쪽에 앉아 있었어.	어두운 골목길에서 빨리 뛰어갔지.

2 다음 문장을 소리 내어 읽고 '밝다'가 바뀐 낱말은 빨간색, '어둡다'가 바뀐 낱말은 파란색으로 동그라미 하세요.

- 어느새 아침이 밝았다.
- 검은 구름이 몰려오자 사방은 금방 어두워졌다.
- 망친 시험지를 받아 든 짝꿍은 얼굴이 어둡게 변하였다.
- 화해를 한 두 친구는 밝게 웃으며 교실로 들어왔다.

3 '밝다' 또는 '어둡다'의 낱말을 적절히 바꿔서 문장을 만들어 보세요.

사방이 어두워서 어디가 어딘지 구분할 수가 없었다.

나타나다 / 사라지다

1 다음 낱말과 문장을 읽어 보세요.

나타나다	사라지다

그림자가 나타났다.	그림자가 사라졌다.

2 다음 문장을 소리 내어 읽고 '나타나다'가 바뀐 낱말은 빨간색, '사라지다'가 바뀐 낱말은 파란색으로 동그라미 하세요.

- 공룡들이 흔적도 없이 사라지고 말았어요.
- 아무리 기다려도 친구들은 한 명도 나타나지 않았어요.
- 운동장에 그린 그림이 비가 오자 모두 사라졌어요.
- 멧돼지가 우리 동네 근처에 나타났어요.

3 '나타나다' 또는 '사라지다'의 낱말을 적절히 바꿔서 문장을 만들어 보세요.

호랑이가 나타나서 "떡 하나 주면 안 잡아먹지." 했어요.

기억하다 / 잊다

1 다음 낱말과 문장을 읽어 보세요.

기억하다	잊다

우리를 꼭 기억해 줘.	우리 만나기로 한 약속을 잊지 마.

2 다음 문장을 소리 내어 읽고 '기억하다'가 바뀐 낱말은 빨간색, '잊다'가 바뀐 낱말은 파란색으로 동그라미 하세요.

- 그날 일 중 기억나는 것이 있으면 말해 보렴.
- 오래전에 뵈었던 할머니 얼굴을 잊어버릴 것 같아요.
- 숙제가 무엇인지 잊어서 하지 못했어요.
- 잘 생각해 보고 기억나면 말해 주렴.

3 '기억하다' 또는 '잊다'의 낱말을 적절히 바꾸어서 문장을 만들어 보세요.

전학 간 친구를 잊은 줄 알았는데, 다시 보니 기억났어요.

비우다 / 채우다

1 다음 낱말과 문장을 읽어 보세요.

비우다	채우다

그릇을 텅 비웠다.	음식으로 배를 가득 채웠다.

2 다음 문장을 소리 내어 읽고 '비우다'가 바뀐 낱말은 빨간색, '채우다'가 바뀐 낱말은 파란색으로 동그라미 하세요.

- 방금 딴 과일로 바구니가 꽉 채워졌어요.
- 물을 길어 항아리를 가득 채워라.
- 할아버지는 집을 비우고 외출을 하셨다.
- 담겨 있던 물건을 비운 상자는 가벼워요.

3 '비우다' 또는 '채우다'의 낱말을 적절히 바꿔서 문장을 만들어 보세요.

헨젤과 그레텔은 주머니에 보석을 가득 채웠어요.

모자라다 / 넉넉하다

1 다음 낱말과 문장을 읽어 보세요.

모자라다	넉넉하다

흥부네는 늘 양식이 모자랐다.	놀부네는 살림살이가 넉넉했다.

2 다음 문장을 소리 내어 읽고 '모자라다'가 바뀐 낱말은 빨간색, '넉넉하다'가 바뀐 낱말은 파란색으로 동그라미 하세요.

- 점심시간이 넉넉하게 남아서 운동장에서 더 놀다 갈게요.
- 넉넉한 마음씨를 가진 진아는 주변에 친구가 많아요.
- 밥이 모자라서 라면을 끓여서 먹었어요.
- 우리 집은 먹을 게 늘 넉넉했어요.

3 '모자라다' 또는 '넉넉하다'의 낱말을 적절히 바꿔서 문장을 만들어 보세요.

할머니의 품은 늘 넉넉한 느낌이에요.

밀다 / 당기다

1 다음 낱말과 문장을 읽어 보세요.

밀다	당기다

상자를 상대방에게 살짝 밀었어요.	상자를 자기 쪽으로 당겨서 풀기 시작했어요.

2 다음 문장을 소리 내어 읽고 '밀다'가 바뀐 낱말은 빨간색, '당기다'가 바뀐 낱말은 파란색으로 동그라미 하세요.

- 줄다리기는 자기 쪽으로 힘껏 줄을 당겨야 해요.
- 앞사람을 밀면 안 돼요.
- 개미들은 작은 과자 부스러기를 밀고 당기며 나르기 시작했습니다.
- 친구가 밀어서 넘어졌어요.

3 '밀다' 또는 '당기다'의 낱말을 적절히 바꾸어서 문장을 만들어 보세요.

밀가루 반죽을 밀어서 큰 만두피를 만들었어요.

다른 그림 찾기

● 위의 그림을 보고 아래의 그림에서 다른 곳 10개를 찾아 동그라미 하세요.

다른 그림 찾기

● 위의 그림을 보고 아래의 그림에서 다른 곳 10개를 찾아 동그라미 하세요.

5

비슷한 말을 배워요

'틀리다'와 '다르다'는 달라요.
어떤 말을 써야 할지 헷갈리기 쉬운 말들을 구별하는 법부터
문장에서 활용하는 법까지 배워 보아요.

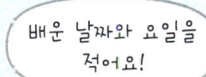

배운 날짜와 요일을 적어요!

비슷한말 배우기			
붉다 / 빨갛다	월	일	요일
끝내다 / 마치다	월	일	요일
기쁘다 / 즐겁다	월	일	요일
틀리다 / 다르다	월	일	요일
견디다 / 참다	월	일	요일
불쌍하다 / 가엾다	월	일	요일
속 / 안	월	일	요일
감사하다 / 고맙다	월	일	요일
다투다 / 싸우다	월	일	요일
밑 / 아래	월	일	요일

5

붉다 / 빨갛다

1 다음 낱말과 문장을 읽어 보세요.

붉다	빨갛다
해가 넘어가자 하늘이 붉게 물들었다.	비가 와서 빨간 장화를 신었어요.

2 다음 문장을 소리 내어 읽고 '붉다'가 바뀐 낱말은 빨간색, '빨갛다'가 바뀐 낱말은 파란색으로 동그라미 하세요.

- 산이 단풍으로 붉게 물들었어요.
- 사과나무에 붉은 사과들이 주렁주렁 달렸어요.
- 내가 아끼던 빨간 색연필이 너무 닳았어요.
- 내가 제일 좋아하는 색은 빨간색이에요.

3 '붉다' 또는 '빨갛다'의 낱말을 적절히 바꿔서 문장을 만들어 보세요.

비가 와서 지난번에 산 빨간 우산을 펼쳐 들었어요.

118　비슷한말을 배워요

끝내다 / 마치다

1 다음 낱말과 문장을 읽어 보세요.

끝내다	마치다
하던 일을 서둘러 끝냈다.	공부를 잘 마치고 졸업을 했다.

2 다음 문장을 소리 내어 읽고 '끝내다'가 바뀐 낱말은 빨간색, '마치다'가 바뀐 낱말은 파란색으로 동그라미 하세요.

- 숙제가 많아서 대충 끝내고 놀이터에 나갔다 왔어요.
- 게임을 하는 동안 엄마가 방에 들어오셔서 할 수 없이 하던 게임을 끝냈어요.
- 하던 공부는 마치고 다른 활동을 해야지.
- 할 일을 마치고 가벼운 마음으로 집으로 돌아갔습니다.

3 '끝내다' 또는 '마치다'의 낱말을 적절히 바꿔서 문장을 만들어 보세요.

드디어 오늘의 과제를 마쳤다. 이제부터 자유 시간이다.

기쁘다 / 즐겁다

1 다음 낱말과 문장을 읽어 보세요.

기쁘다	즐겁다
생일날 뜻밖의 선물을 받아 기쁘다.	이번 방학이 즐거웠어요.

2 다음 문장을 소리 내어 읽고 '기쁘다'가 바뀐 낱말은 빨간색, '즐겁다'가 바뀐 낱말은 파란색으로 동그라미 하세요.

- 나는 체육 시간이 제일 즐거워요.
- 전학 간 친구가 갑자기 찾아와서 기뻤어요.
- 딱지치기를 하는데 내가 많이 따서 기뻐요.
- 친구들과 놀이를 하며 즐겁게 놀아요.

3 '기쁘다' 또는 '즐겁다'의 낱말을 적절히 바꿔서 문장을 만들어 보세요.

생일 초대를 받아서 정말 기뻤다.

틀리다 / 다르다

1 다음 낱말과 문장을 읽어 보세요.

틀리다	다르다
네가 생각한 방향이 틀린 것 같아.	너와 나는 생각이 달라.

2 다음 문장을 소리 내어 읽고 '틀리다'가 바뀐 낱말은 빨간색, '다르다'가 바뀐 낱말은 파란색으로 동그라미 하세요.

- 일기예보가 틀리는 바람에 우산이 없는 우리는 비를 쫄딱 맞았다.
- 동생이랑 나는 성격이 달라요.
- 비밀번호가 틀려서 현관문을 열 수가 없었어요.
- 서로 다른 점을 인정해 주는 것이 필요해요.

3 '틀리다' 또는 '다르다'의 낱말을 적절히 바꿔서 문장을 만들어 보세요.

남자와 여자가 하는 일이 따로 있다는 생각은 틀렸어.

견디다 / 참다

1 다음 낱말과 문장을 읽어 보세요.

견디다	참다
안에 있는 것이 궁금해 견딜 수가 없었다.	할아버지 생각에 눈물을 참을 수가 없었다.

2 다음 문장을 소리 내어 읽고 '견디다'가 바뀐 낱말은 빨간색, '참다'가 바뀐 낱말은 파란색으로 동그라미 하세요.

- 긴 겨울을 견디고 봄이 되자 새싹들이 나오기 시작했다.
- 오줌이 마려워도 꾹 참고 쉬는 시간을 기다렸다.
- 콩쥐는 새엄마의 모진 구박을 견디며 지냈다.
- 엄마한테 혼나자 눈물이 터져 나오려는 걸 꾹 참았다.

3 '견디다' 또는 '참다'의 낱말을 적절히 바꾸어서 문장을 만들어 보세요.

우리 조상들은 어려운 시기를 슬기롭게 견뎌 냈습니다.

불쌍하다 / 가엾다

1 다음 낱말과 문장을 읽어 보세요.

불쌍하다	가엾다
영화 속 주인공이 불쌍해서 눈물을 흘렸다.	길에서 본 고양이가 가여워서 자꾸 생각났다.

2 다음 문장을 소리 내어 읽고 '불쌍하다'가 바뀐 낱말은 빨간색, '가엾다'가 바뀐 낱말은 파란색으로 동그라미 하세요.

- 생활이 어려워 굶는 아이들이 가엾다.
- 어미를 잃은 아기 새가 가엾다.
- 목이 말랐는지 길에 고인 물을 마시는 고양이가 불쌍했다.
- 다리 한쪽을 절고 있는 고양이가 가여워서 한참을 쓰다듬어 주었다.

3 '불쌍하다' 또는 '가엾다'의 낱말을 적절히 바꾸어서 문장을 만들어 보세요.

만덕은 불쌍한 백성들에게 곳간의 곡식을 풀었다.

속 / 안

1 다음 낱말과 문장을 읽어 보세요.

속	안
과일 속에는 씨가 들어 있어요.	상자 안에는 인형이 들어 있습니다.

2 다음 문장을 소리 내어 읽고 '속'이 바뀐 낱말은 빨간색, '안'이 바뀐 낱말은 파란색으로 동그라미 하세요.

- 어둠 속에서는 아무것도 볼 수 없었어요.
- 집 안으로 들어가 이불 속으로 들어갔다.
- 덤불 속으로 몸을 숨겼어요.
- 항아리 안에 있는 물건이 무엇인지 몹시 궁금했어요.

3 '속' 또는 '안'의 낱말을 적절히 바꾸어서 문장을 만들어 보세요.

우리는 이야기 속으로 빨려 들어갔다.

감사하다 / 고맙다

1 다음 낱말과 문장을 읽어 보세요.

감사하다	고맙다

할머니, 저를 돌봐 주셔서 감사합니다.	지우개를 빌려 줘서 고마워.

2 다음 문장을 소리 내어 읽고 '감사하다'가 바뀐 낱말은 빨간색, '고맙다'가 바뀐 낱말은 파란색으로 동그라미 하세요.

- 학생 여러분, 저를 회장으로 뽑아 주셔서 감사합니다.
- 짐을 들어 드렸더니 할더니는 나에게 고마워하셨다.
- 가정의 달을 맞이해서 감사해야 할 분들에게 드릴 카드를 만들었어요.
- 우리 학교 축제에 참석해 주신 학부모님들, 감사합니다.

3 '감사하다' 또는 '고맙다'의 낱말을 적절히 바꿔서 문장을 만들어 보세요.

저를 회장으로 뽑아 주셔서 감사합니다.

다투다 / 싸우다

1 다음 낱말과 문장을 읽어 보세요.

다투다	싸우다
친구랑 오늘 다투었더니 기분이 좋지 않다.	오늘도 동생과 싸워서 엄마한테 혼났다.

2 다음 문장을 소리 내어 읽고 '다투다'가 바뀐 낱말은 빨간색, '싸우다'가 바뀐 낱말은 파란색으로 동그라미 하세요.

- 오늘 짝꿍이랑 말다툼을 한 탓인지 기분이 좋지 않았다.
- 단짝이랑 싸운 뒤 서먹해진 사이가 되고 말았다.
- 엄마랑 아빠는 식사를 하시면서 계속 말다툼을 하셨다.
- 동생들은 놀이터에서 그네를 먼저 타겠다고 다투었다.

3 '다투다' 또는 '싸우다'의 낱말을 적절히 바꿔서 문장을 만들어 보세요.

오늘도 동생이랑 다투고 집을 나왔다.

밑 / 아래

1 다음 낱말과 문장을 읽어 보세요.

밑	아래

엉덩이 밑에 카드를 깔고 앉았다.	책상 아래에 가방을 두었다.

2 다음 문장을 소리 내어 읽고 '밑'이 바뀐 낱말은 빨간색, '아래'가 바뀐 낱말은 파란색으로 동그라미 하세요.

- 개울 바위 밑에 가재들이 모여 있었다.
- 개울 아래쪽에 제법 큰 물웅덩이가 있었다.
- 산 아래쪽에서는 나무꾼이 나무를 하고 있었다.
- 느티나무 밑에서 작은 동물들이 쉬고 있었다.

3 '밑' 또는 '아래'의 낱말을 적절히 바꿔서 문장을 만들어 보세요.

느티나무 잎사귀 밑에는 작은 곤충들이 붙어 있다.

그림 그리기

- 동그라미를 활용해서 그림을 그려 보세요.

그림 그리기

- 세모와 네모를 활용해서 그림을 그려 보세요.

6

감정말을 배워요

마음을 나타내는 말을 쓰면 내 마음속을 깊이 들여다볼 수도 있고,
다른 사람의 감정을 이해하고 공감할 수도 있어요.
내 마음에 일어난 느낌을 나타내는 말, 감정말을 배워 보아요.

> 배운 날짜와 요일을 적어요!

감정말 배우기			
서운해요	월	일	요일
억울해요	월	일	요일
두려워요	월	일	요일
실망했어요	월	일	요일
부끄러워요	월	일	요일
부러워요	월	일	요일
싫어요	월	일	요일
뿌듯해요	월	일	요일
걱정돼요	월	일	요일
귀찮아요	월	일	요일
기다려요	월	일	요일
설레요	월	일	요일
행복해요	월	일	요일
슬퍼요	월	일	요일
화나요	월	일	요일
기뻐요	월	일	요일
쓸쓸해요	월	일	요일
무서워요	월	일	요일
재미있어요	월	일	요일
신나요	월	일	요일

6

서운해요

서운할 때 어떤 얼굴이 되나요?

1 다음 그림을 보고 아래의 문장을 읽어 보세요.

친구 생일 파티에 초대받지 못해서 <u>서운해요</u>.

2 내가 직접 겪었거나 책에서 본 경험을 떠올려 본 뒤, **서운해요**를 넣어 문장을 만들어 보세요.

억울해요

1 다음 그림을 보고 아래의 문장을 읽어 보세요.

동생이 먼저 놀렸는데 엄마는 나만 혼내서 억울해요.

2 내가 직접 겪었거나 책에서 본 경험을 떠올려 본 뒤, **억울해요**를 넣어 문장을 만들어 보세요.

두려워요

1 다음 그림을 보고 아래의 문장을 읽어 보세요.

혼자 집에 있을 때
밖에서 무슨 소리가 들리면 두려워요.

2 내가 직접 겪었거나 책에서 본 경험을 떠올려 본 뒤, **두려워요**를 넣어 문장을 만들어 보세요.

실망했어요

1 다음 그림을 보고 아래의 문장을 읽어 보세요.

산타할아버지 선물을 기대하고 양말을 걸어 놓고 잤는데
다음 날 텅 비어 있어서 실망했어요.

2 내가 직접 겪었거나 책에서 본 경험을 떠올려 본 뒤, **실망했어요**를 넣어 문장을 만들어 보세요.

부끄러워요

부끄러울 때 어떤 얼굴이 되나요?

1 다음 그림을 보고 아래의 문장을 읽어 보세요.

나는 엄마가 친구들 앞에서 내 자랑을 하면 부끄러워요.

2 내가 직접 겪었거나 책에서 본 경험을 떠올려 본 뒤, **부끄러워요**를 넣어 문장을 만들어 보세요.

부러워요

1 다음 그림을 보고 아래의 문장을 읽어 보세요.

형이 있는 친구가 부러워요.

2 내가 직접 겪었거나 책에서 본 경험을 떠올려 본 뒤, **부러워요**를 넣어 문장을 만들어 보세요.

싫어요

1 다음 그림을 보고 아래의 문장을 읽어 보세요.

청소하려고 마음먹고 있었는데 시키면 하기 싫어요.

2 내가 직접 겪었거나 책에서 본 경험을 떠올려 본 뒤, **싫어요**를 넣어 문장을 만들어 보세요.

뿌듯해요

뿌듯할 때 어떤 얼굴이 되나요?

1 다음 그림을 보고 아래의 문장을 읽어 보세요.

형과 함께 집 안 청소를 하고 나니 뿌듯해요.

2 내가 직접 겪었거나 책에서 본 경험을 떠올려 본 뒤, **뿌듯해요**를 넣어 문장을 만들어 보세요.

걱정돼요

1 다음 그림을 보고 아래의 문장을 읽어 보세요.

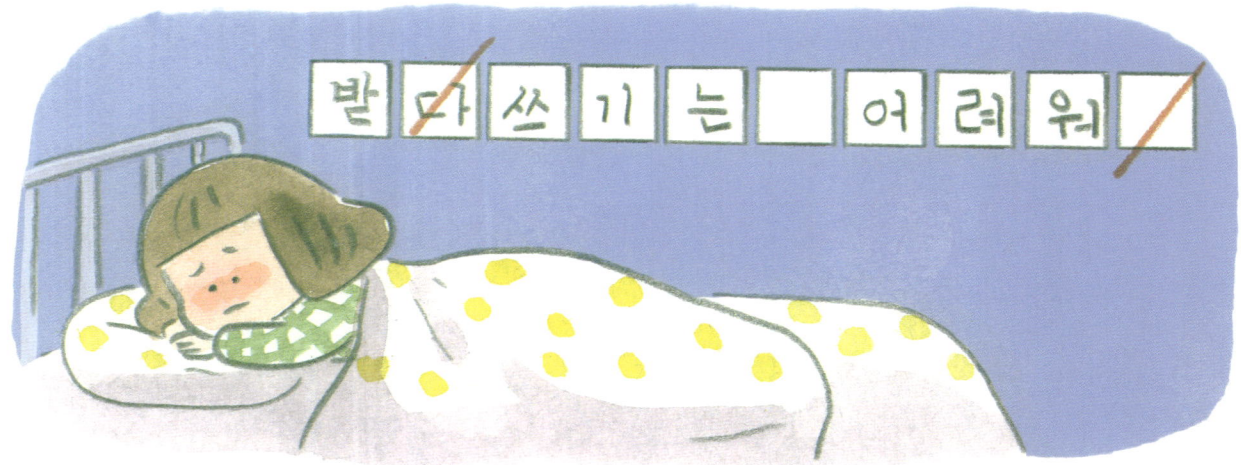

담임 선생님이 내일 받아쓰기 시험을 본다고 해서 걱정돼요.

2 내가 직접 겪었거나 책에서 본 경험을 떠올려 본 뒤, **걱정돼요**를 넣어 문장을 만들어 보세요.

귀찮아요

귀찮을 때 어떤 얼굴이 되나요?

1 다음 그림을 보고 아래의 문장을 읽어 보세요.

동생이 맨날 놀아 달라고 해서 귀찮아요.

2 내가 직접 겪었거나 책에서 본 경험을 떠올려 본 뒤, **귀찮아요**를 넣어 문장을 만들어 보세요.

기다려요

기다릴 때 어떤 얼굴이 되나요?

1 다음 그림을 보고 아래의 문장을 읽어 보세요.

자전거 여행을 가기로 한 주말을 기다려요.

2 내가 직접 겪었거나 책에서 본 경험을 떠올려 본 뒤, **기다려요**를 넣어 문장을 만들어 보세요.

설레요

설렐 때 어떤 얼굴이 되나요?

1 다음 그림을 보고 아래의 문장을 읽어 보세요.

내가 바라던 친구랑 짝꿍이 되었어요. 학교 갈 때마다 설레요.

2 내가 직접 겪었거나 책에서 본 경험을 떠올려 본 뒤, **설레요**를 넣어 문장을 만들어 보세요.

행복해요

행복할 때 어떤 얼굴이 되나요?

1 다음 그림을 보고 아래의 문장을 읽어 보세요.

숙제를 마치고 포근한 이불 속에 들어가 있으면 행복해요.

2 내가 직접 겪었거나 책에서 본 경험을 떠올려 본 뒤, **행복해요**를 넣어 문장을 만들어 보세요.

슬퍼요

1 다음 그림을 보고 아래의 문장을 읽어 보세요.

기르던 강아지를 시골 할머니 댁에 보내서 슬퍼요.

2 내가 직접 겪었거나 책에서 본 경험을 떠올려 본 뒤, **슬퍼요**를 넣어 문장을 만들어 보세요.

화나요

1 다음 그림을 보고 아래의 문장을 읽어 보세요.

형이 자꾸 나를 놀려서 화나요.

2 내가 직접 겪었거나 책에서 본 경험을 떠올려 본 뒤, **화나요**를 넣어 문장을 만들어 보세요.

기뻐요

기쁠 때 어떤 얼굴이 되나요?

1 다음 그림을 보고 아래의 문장을 읽어 보세요.

딱지치기를 하는데 내가 딱지를 많이 따서 기뻐요.

2 내가 직접 겪었거나 책에서 본 경험을 떠올려 본 뒤, **기뻐요**를 넣어 문장을 만들어 보세요.

쓸쓸해요

쓸쓸할 때 어떤 얼굴이 되나요?

1 다음 그림을 보고 아래의 문장을 읽어 보세요.

아무도 없는 집에 혼자 있으면 쓸쓸해요.

2 내가 직접 겪었거나 책에서 본 경험을 떠올려 본 뒤, **쓸쓸해요**를 넣어 문장을 만들어 보세요.

무서워요

무서울 때 어떤 얼굴이 되나요?

1 다음 그림을 보고 아래의 문장을 읽어 보세요.

누군가 현관문 손잡이를 돌리는 것 같아 무서워요.

2 내가 직접 겪었거나 책에서 본 경험을 떠올려 본 뒤, **무서워요**를 넣어 문장을 만들어 보세요.

재미있어요

1 다음 그림을 보고 아래의 문장을 읽어 보세요.

친구들이랑 하는 경찰과 도둑놀이는 재미있어요.

2 내가 직접 겪었거나 책에서 본 경험을 떠올려 본 뒤, **재미있어요**를 넣어 문장을 만들어 보세요.

신나요

신날 때 어떤 얼굴이 되나요?

1 다음 그림을 보고 아래의 문장을 읽어 보세요.

달리기 시합에서 일등을 해서 정말 신나요.

2 내가 직접 겪었거나 책에서 본 경험을 떠올려 본 뒤, **신나요**를 넣어 문장을 만들어 보세요.

감정말 쓰기

- 오늘 하루 느꼈던 감정을 떠올려 보고, 알맞는 감정말을 써 보세요.

속상해

감정말 쓰기

- 오늘 하루 느꼈던 감정을 떠올려 보고, 알맞은 감정말을 써 보세요.

7

틀린 글자를
고쳐요

틀리기 쉬운 글자들을 모았어요.
소리 나는 대로 적거나 비슷한 발음 때문에
틀리게 쓰기 쉬운 글자들입니다.
밑줄 그은 틀린 글자를 바르게 고쳐 써 보세요.

배운 날짜와 요일을 적어요!

틀린 글자 고치기			
1급	월	일	요일
2급	월	일	요일
3급	월	일	요일
4급	월	일	요일
5급	월	일	요일
6급	월	일	요일
7급	월	일	요일
8급	월	일	요일
9급	월	일	요일
10급	월	일	요일
11급	월	일	요일
12급	월	일	요일
13급	월	일	요일
14급	월	일	요일
15급	월	일	요일
16급	월	일	요일

7

틀린 글자 고치기 1급

- 밑줄 친 틀린 글자를 바르게 고쳐 쓰고, 정답지를 보고 채점해 보세요.

1	제주 부리기	재주 부리기
2	여기서 네리자.	
3	어께가 아프니?	
4	베를 타고 가요.	
5	자새히 봐요.	
6	채조 배우기	
7	자새를 바르게 해요.	
8	새모와 내모	
9	사과 주새요.	
10	화네지 마세요.	

잘 했나요? 스스로 평가하여 알맞은 표정에 색칠해 보세요.

틀린 글자 고치기 2급

● 밑줄 친 틀린 글자를 바르게 고쳐 쓰고, 정답지를 보고 채점해 보세요.

1	아기 기저기	아기 기저귀
2	너무 어두어	
3	더이와 싸우다.	
4	어서 띠어라!	
5	기차 바키	
6	길을 가다가 시다.	
7	바이 뒤에 숨었다.	
8	추이를 이겨냅니다.	
9	우에서 내려와!	
10	이치가 바뀌었다.	

잘 했나요? 스스로 평가하여 알맞은 표정에 색칠해 보세요.

틀린 글자 고치기 3급

● 밑줄 친 틀린 글자를 바르게 고쳐 쓰고, 정답지를 보고 채점해 보세요.

1	나으 아버지	나의 아버지
2	무니 꾸미기	
3	으자에 앉아서	
4	으사 아저씨	
5	모자를 씨워요.	
6	시개를 보세요.	
7	개단이 높아요.	
8	차래 지키기	
9	에의 바른 행동	
10	여우의 지해	

잘 했나요? 스스로 평가하여 알맞은 표정에 색칠해 보세요.

틀린 글자 고치기 4급

● 밑줄 친 틀린 글자를 바르게 고쳐 쓰고, 정답지를 보고 채점해 보세요.

1	네가 채고야!	네가 최고야!
2	너무 괴로어!	
3	깨 부리다가	
4	교해에 가서	
5	혼자 가니 애로워!	
6	어머니의 해사	
7	애갓집에 가다.	
8	여우의 후해	
9	애 그러니?	
10	아기 대지	

잘 했나요? 스스로 평가하여 알맞은 표정에 색칠해 보세요.

틀린 글자 고치기 5급

● 밑줄 친 틀린 글자를 바르게 고쳐 쓰고, 정답지를 보고 채점해 보세요.

1	오빠 샌각	오빠 생각
2	가족 나드리	
3	얼굴 포정	
4	동물 병언	
5	비둘기 공언	
6	아버지 앙경	
7	중간 노리 시간	
8	할아버지 고양	
9	쓰레기 죽기	
10	선생님 책쌍	

잘 했나요? 스스로 평가하여 알맞은 표정에 색칠해 보세요.

틀린 글자 고치기 6급

● 밑줄 친 틀린 글자를 바르게 그쳐 쓰고, 정답지를 보고 채점해 보세요.

1	<u>거비</u> 나서	겁이 나서
2	<u>이너</u> 공주	
3	동네 <u>모곡탕</u>	
4	느린 <u>거부기</u>	
5	<u>손뻐글</u> 치며	
6	<u>자가진</u> 신발	
7	종이를 <u>저버서</u>	
8	<u>모믈</u> 움직이다.	
9	고개를 <u>끄더기다</u>.	
10	<u>나겹이</u> 떨어지다.	

잘 했나요? 스스로 평가하어 알맞은 표정에 색칠해 보세요.

틀린 글자 고치기 7급

● 밑줄 친 틀린 글자를 바르게 고쳐 쓰고, 정답지를 보고 채점해 보세요.

1	새믈 내다.	샘을 내다.
2	구르미 많다.	
3	워료일 시간표	
4	생활의 길자비	
5	현과느로 가서	
6	정다블 확인하다.	
7	경찰관이 대어	
8	친구를 한영하다.	
9	풀을 뜨더 먹어요.	
10	파란새그로 칠해요.	

잘 했나요? 스스로 평가하여 알맞은 표정에 색칠해 보세요.

틀린 글자 고치기 8급

● 밑줄 친 틀린 글자를 바르게 고쳐 쓰고, 정답지를 보고 채점해 보세요.

1	멀리 나라서	멀리 날아서
2	숨을 시다.	
3	눈을 반짜기며	
4	지브로 돌아오다.	
5	상자를 저버서	
6	꿀밤을 머기려다	
7	동무뤈에 갔다.	
8	책이 만타.	
9	하권이 끝나서	
10	이게 엔일이야?	

잘 했나요? 스스로 평가하여 알맞은 표정에 색칠해 보세요.

틀린 글자 고치기 9급

- 밑줄 친 틀린 글자를 바르게 고쳐 쓰고, 정답지를 보고 채점해 보세요.

1	나겹이 많아서	낙엽이 많아서
2	색쫑이 접기	
3	자근 가방	
4	방이 널따	
5	조븐 오솔길	
6	뺄셈은 어려어!	
7	마시께 먹자.	
8	멀리 다라납니다.	
9	구거책과 수학책	
10	위를 바요!	

잘 했나요? 스스로 평가하여 알맞은 표정에 색칠해 보세요.

틀린 글자 고치기 10급

● 밑줄 친 틀린 글자를 바르게 고쳐 쓰고, 정답지를 보고 채점해 보세요.

1	팔과 무릅	팔과 무릎
2	유리창 박	
3	소나무 숩	
4	밀집 모자	
5	연두색 새 입	
6	헌겁 조각	
7	네 입 클로버	
8	동전 한 닙	
9	대문 박	
10	거실 옆 부억	

잘 했나요? 스스로 평가하여 알맞은 표정에 색칠해 보세요.

틀린 글자 고치기 11급

● 밑줄 친 틀린 글자를 바르게 고쳐 쓰고, 정답지를 보고 채점해 보세요.

1	검은 씨<u>앝</u>	검은 씨앗
2	노란색 비<u>옷</u>	
3	양송이버<u>섰</u>	
4	물감과 <u>붇</u>	
5	<u>밤낮</u>으로	
6	망치와 <u>몯</u>	
7	<u>마음껃</u> 먹다	
8	세 살 버<u>릇</u>	
9	한 <u>그릇</u> 떠서	
10	연<u>몯</u> 안 개구리	

잘 했나요? 스스로 평가하여 알맞은 표정에 색칠해 보세요.

틀린 글자 고치기 12급

● 밑줄 친 틀린 글자를 바르게 고쳐 쓰고, 정답지를 보고 채점해 보세요.

1	들<u>꼿</u> 이야기	들꽃 이야기
2	대문 바<u>깟</u>	
3	<u>발근</u> 달빛	
4	빨간 장미<u>꼿</u>	
5	초록<u>빗</u> 바다	
6	단<u>팟</u>빵을 먹고	
7	<u>몃</u> 시야?	
8	부드러운 눈<u>빗</u>	
9	<u>곳</u> 시작된다.	
10	수박의 <u>겉</u>과 속	

잘 했나요? 스스로 평가하여 알맞은 표정에 색칠해 보세요.

틀린 글자 고치기 13급

- 밑줄 친 틀린 글자를 바르게 고쳐 쓰고, 정답지를 보고 채점해 보세요.

1	연몯 속에	연못 속에
2	이웇 마을에	
3	숨속으로 들어가요.	
4	온갓 보물이	
5	힘껃 밀어라.	
6	제비꼳이 피었다.	
7	정성껃 돌보다.	
8	압쪽을 보세요.	
9	교실 박으로 나가요.	
10	책상 믿을 살펴요.	

잘 했나요? 스스로 평가하여 알맞은 표정에 색칠해 보세요.

틀린 글자 고치기 14급

● 밑줄 친 틀린 글자를 바르게 고쳐 쓰고, 정답지를 보고 채점해 보세요.

1	연필<u>까끼</u>	연필깎이
2	김치보<u>끔</u>밥	
3	<u>기피</u> 잠들다	
4	걸레로 다<u>까</u>	
5	하늘이 노<u>파</u>요.	
6	먹고 <u>시픈</u> 음식	
7	잉어를 나<u>까</u>서	
8	수건으로 다<u>까</u>요.	
9	색종이 한 무<u>끔</u>	
10	은혜 가<u>픈</u> 까치	

잘 했나요? 스스로 평가하여 알맞은 표정에 색칠해 보세요.

틀린 글자 고치기 15급

● 밑줄 친 틀린 글자를 바르게 고쳐 쓰고, 정답지를 보고 채점해 보세요.

1	문을 다다라.	문을 닫아라.
2	보물을 어더서 왔다.	
3	가튼 목소리	
4	냄새를 마트면	
5	술래는 쪼차가서	
6	꽃바테 꽃이 많다.	
7	눈비츨 반짝이며	
8	싹이 도다났다.	
9	벽에 부튼 종이	
10	바까트로 나오니	

잘 했나요? 스스로 평가하여 알맞은 표정에 색칠해 보세요.

틀린 글자 고치기 16급

● 밑줄 친 틀린 글자를 바르게 고쳐 쓰고, 정답지를 보고 채점해 보세요.

1	지블 짓다.	집을 짓다.
2	모자를 벋다.	
3	박자가 마따.	
4	김치가 마시따.	
5	낫잠을 자다가	
6	개가 지따.	
7	손발을 씯다.	
8	숨은그림찯기	
9	헏소리를 하다.	
10	밤느께까지 놀았다.	

잘 했나요? 스스로 평가하여 알맞은 표정에 색칠해 보세요.

숫자 색칠하기

- 1부터 8까지 각 숫자에 해당하는 색으로 색칠하세요.

1 노랑 2 주황 3 빨강 4 파랑
5 초록 6 연두 7 보라 8 분홍

숫자 색칠하기

- 1부터 8까지 각 숫자에 해당하는 색으로 색칠하세요.

1 노랑   2 주황   3 빨강   4 파랑
5 초록   6 연두   7 보라   8 분홍

8

문장을 만들어요

집, 학교, 놀이터, 시장 등 생활하면서 만나는
장소나 느낌을 중심으로 문장 쓰기를 배워요.
기초적인 문장 쓰기를 잘하면 글쓰기도 잘할 수 있어요.

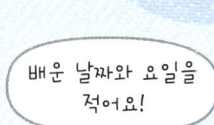

배운 날짜와 요일을 적어요!

문장 만들기			
1급	월	일	요일
2급	월	일	요일
3급	월	일	요일
4급	월	일	요일
5급	월	일	요일
6급	월	일	요일
7급	월	일	요일
8급	월	일	요일
9급	월	일	요일
10급	월	일	요일
11급	월	일	요일
12급	월	일	요일
13급	월	일	요일
14급	월	일	요일
15급	월	일	요일
16급	월	일	요일

문장 만들기 1급

- 앞의 낱말을 넣어 문장을 만들어 보세요.

1	시장	시장에 갔어요.
2	생선	
3	채소	
4	많아요.	
5	배추	
6	팔아요.	
7	정육점	
8	장바구니	
9	아주머니	
10	샀다.	

잘 했나요? 스스로 평가하여 알맞은 표정에 색칠해 보세요.

문장 만들기 2급

- 앞의 낱말을 넣어 문장을 만들어 보세요.

1	미끄럼틀	미끄럼틀은 재미있다.
2	그네	
3	정글짐	
4	탔습니다.	
5	기다립니다.	
6	모래놀이	
7	술래잡기	
8	친구들	
9	재미있다.	
10	하루 종일	

잘 했나요? 스스로 평가하여 알맞은 표정에 색칠해 보세요.

문장 만들기 3급

- 앞의 낱말을 넣어 문장을 만들어 보세요.

1	교실	친구들이 교실로 들어갔어요.
2	컴퓨터	
3	텔레비전	
4	책상	
5	의자	
6	보건실	
7	운동장	
8	쉬는 시간	
9	놀이터	
10	복도	

잘 했나요? 스스로 평가하여 알맞은 표정에 색칠해 보세요.

문장 만들기 4급

- 앞의 낱말을 넣어 문장을 만들어 보세요.

1	정글짐	정글짐에 올라갔어요.
2	구름사다리	
3	축구 골대	
4	흙장난	
5	잡기놀이	
6	달리기	
7	나뭇잎	
8	꽃밭	
9	화단	
10	공놀이	

잘 했나요? 스스로 평가하여 알맞은 표정에 색칠해 보세요.

문장 만들기 5급

- 앞의 낱말을 넣어 문장을 만들어 보세요.

1	늦잠	가족 모두가 늦잠을 자서 서둘러야 해요.
2	갑니다.	
3	김밥	
4	놀이공원	
5	설레요.	
6	신나게	
7	멋지게	
8	귀신의 집	
9	두근두근	
10	많아서	

잘 했나요? 스스로 평가하여 알맞은 표정에 색칠해 보세요.

문장 만들기 6급

- 앞의 낱말을 넣어 문장을 만들어 보세요.

1	약속	친구랑 만나기로 약속했어요.
2	토라져서	
3	만났어요.	
4	단짝	
5	반가워서	
6	다투기도	
7	사이좋게	
8	화해하고	
9	놀아요.	
10	합니다.	

잘 했나요? 스스로 평가하여 알맞은 표정에 색칠해 보세요.

문장 만들기 7급

- 앞의 낱말을 넣어 문장을 만들어 보세요.

1	좋아요.	나는 책 읽기가 좋아요.
2	싫어요.	
3	괜찮아요.	
4	부끄러워요.	
5	화나요.	
6	속상해요.	
7	억울해요.	
8	불쌍해요.	
9	불안해요.	
10	기뻐요.	

잘 했나요? 스스로 평가하여 알맞은 표정에 색칠해 보세요.

문장 만들기 8급

● 앞의 낱말을 넣어 문장을 만들어 보세요.

1	손톱	손톱이 길어졌어.
2	발톱	
3	머리카락	
4	무릎	
5	깎아요.	
6	앉아서	
7	꿇고	
8	세수해요.	
9	씻어요.	
10	깨끗이	

잘 했나요? 스스로 평가하여 알맞은 표정에 색칠해 보세요.

문장 만들기 9급

- 앞의 낱말을 넣어 문장을 만들어 보세요.

1	심부름	첫 심부름을 가는 날이에요.
2	혼자서	
3	갑니다.	
4	받아요.	
5	거스름돈	
6	두려워요.	
7	설레요.	
8	뿌듯해요.	
9	씩씩하게	
10	지나서	

잘 했나요? 스스로 평가하여 알맞은 표정에 색칠해 보세요.

문장 만들기 10급

- 앞의 낱말을 넣어 문장을 만들어 보세요.

1	쉬는 시간	난 쉬는 시간이 제일 좋아요.
2	나가요.	
3	공기놀이	
4	블록놀이	
5	딱지치기	
6	팽이놀이	
7	수다 떨기	
8	아쉬워요.	
9	화장실	
10	바깥놀이	

잘 했나요? 스스로 평가하여 알맞은 표정에 색칠해 보세요.

문장 만들기 11급

- 앞의 낱말을 넣어 문장을 만들어 보세요.

1	닫아요.	창문을 닫아요.
2	걷는다.	
3	듣다.	
4	얻다.	
5	받다.	
6	쏟다.	
7	곧장	
8	싣다.	
9	믿다.	
10	딛다.	

잘 했나요? 스스로 평가하여 알맞은 표정에 색칠해 보세요.

문장 만들기 12급

● 앞의 낱말을 넣어 문장을 만들어 보세요.

1	같아요.	저 옷은 내 옷이랑 같아요.
2	붙여요.	
3	겉옷	
4	겉모습	
5	맡은 일	
6	바깥에서	
7	곁에	
8	밭에서	
9	햇볕	
10	밑에서	

잘 했나요? 스스로 평가하여 알맞은 표정에 색칠해 보세요.

문장 만들기 13급

● 앞의 낱말을 넣어 문장을 만들어 보세요.

1	맛있어.	치킨은 맛있어.
2	멋 내기	
3	몇 십 몇	
4	빛나다.	
5	빗다.	
6	빚다.	
7	씻다.	
8	찢다.	
9	짖다.	
10	짓다.	

잘 했나요? 스스로 평가하여 알맞은 표정에 색칠해 보세요.

문장 만들기 14급

● 앞의 낱말을 넣어 문장을 만들어 보세요.

1	숲속에	숲속에 작은 집이 있어요.
2	높아요.	
3	은혜 갚기	
4	깊어요.	
5	높이뛰기	
6	옆에	
7	앞에	
8	덮어요.	
9	하고 싶어.	
10	받고 싶어.	

잘 했나요? 스스로 평가하여 알맞은 표정에 색칠해 보세요.

문장 만들기 15급

- 앞의 낱말을 넣어 문장을 만들어 보세요.

1	어때요?	내 새 옷 어때요?
2	어떡하지?	
3	어떻게	
4	어떡해?	
5	어때서	
6	좋아요.	
7	좋다.	
8	좋지?	
9	닿아요.	
10	닿지 마!	

잘 했나요? 스스로 평가하여 알맞은 표정에 색칠해 보세요.

문장 만들기 16급

- 앞의 낱말을 넣어 문장을 만들어 보세요.

1	옳지!	옳지, 옳지! 바로 그거야.
2	여덟	
3	앉아라.	
4	없어요.	
5	많아요.	
6	끊어졌다.	
7	끓는	
8	잃어버린	
9	읽어요.	
10	굵은	

잘 했나요? 스스로 평가하여 알맞은 표정에 색칠해 보세요.

정답

34쪽
2.
햇님이 방긋 웃는 (**아침**)이에요.
모두 일찍 (**일어나**) 아침 식사를 차립니다.
가족이 둘러(**앉아**) 아침 식사를 합니다.

36쪽
2.
햇볕이 쨍쨍한 (**여름**)입니다.
바위 그늘 밑에서 (**여우**)가 쉬고 있어요.
나무 (**열매**)가 빨갛게 익어 가고 있어요.
연못 속에 (**하얀**) 구름과 해님이 들어와 있어요.

38쪽
2.
호랑이는 (**오누이**)를 찾아다녔습니다.
오누이는 나무로 (**올라가**) 있었습니다.
그런데 호랑이는 (**우물**)에 비친 오누이를 찾아냈습니다.

40쪽
2.
아빠는 (**정육점**)에 고기 사러 가시고
엄마는 (**목욕탕**)에 가셨어요.
나는 내 친구 (**도롱뇽**)과 노는데
마치 내가 (**사육사**)가 된 것 같아요.

42쪽
2.
나무 (**잎사귀**)들이 살랑살랑 흔들립니다.
(**그늘**)에서는 동물 친구들이 낮잠을 잡니다.
(**드르렁**) 코 고는 소리마저 한가롭게 느껴집니다.
지켜보던 염소들도 (**스르르**) 낮잠이 듭니다.

44쪽
2.
(**놀이터**)에서 신나게 놀고 있는데
하늘에서 (**뭉게구름**)을 타고
(**도깨비**) 친구들이 놀러 왔습니다.
도깨비 친구들과 우리는 더욱 신나게 놀았습니다.

46쪽
2.
비가 그치자 달팽이 가족이 놀러 나왔어요.
"엄마, 나뭇잎이 (**미끄러워요**)."
"(**괜찮아**), 천천히 오렴."

48쪽
2.
오늘은 아빠가 요리하는 날이에요.
아빠는 주문을 받아요.
나는 매콤한 (**떡볶이**)를 주문하고
엄마는 고소한 (**볶음밥**)을 주문합니다.

51쪽
2.
가을입니다.
활짝 열어 두었던 창문을 (**닫습니다**).
가을 풀들은 낙엽 이불을 (**덮습니다**).
해가 쨍쨍한 낮에는 (**덥습니다**).

54쪽
2.
여름 숲속입니다.
(**팔랑팔랑**) 나비가 날아갑니다.
(**뻐꾹뻐꾹**) 뻐꾸기가 웁니다.
(**푸릇푸릇**)한 잎들은 너울너울 춤을 춥니다.
짙은 초록색으로 변하는 여름 숲입니다.

57쪽
2.
겨울이 오면 꽁꽁 언 논에서 (**썰매**)를 탑니다.
신나게 놀다 보면 이마에는 땀이 (**송글송글**) 맺힙니다.
(**쌩쌩**) 불던 찬바람도 시원하게 느껴집니다.

60쪽
2.
저녁 무렵입니다. 놀던 친구들이 집으로 들어갑니다.
새들도 자기들의 둥지를 (**찾아**) 들어갑니다.
강아지들은 지는 해를 보며 멍멍 (**짖습니다**).
어둠이 깃들면 시끌벅적하던 놀이터도 (**잠잠해집니다**).

63쪽

2.

개구리 두 마리가 (함께) 길을 나섰지요.
(햇볕)을 쬐며 걷기도 하고 함께 (헤엄)도 치면서
(사이좋게) 여행을 했답니다.

66쪽

67쪽

70쪽

2.

어제 오후 친구 집에 놀러 갔다.
나는 귀여운 곰 인형을 갖고 싶다.
학교 가기 싫어요.
나는 새 신발을 갖고 싶어요.
바다에 가면 모래성을 쌓고 놀아야지.
생일이라서 평소에 갖고 싶은 선물을 받을 수 있다.

71쪽

3.

색연필	인형	바다	새 신발
학교	집 집	장갑	산
우산	시장	놀이터	장난감

72쪽

2.

오늘은 날씨가 더워서 선풍기를 틀었다.
잘 때는 이불을 꼭 덮고 자렴.
무당벌레가 낙엽을 덮고 겨울잠을 잡니다.
구름이 하늘을 뒤덮어서 갑자기 깜깜해졌어요.
여름이 다가오니 점점 더워진다.
먹다 남은 음식은 뚜껑을 잘 덮어 두어야 한다.

73쪽

3.

담요	이불	땀	여름
선풍기	부채	보자기	햇볕
낮	뚜껑	겉옷	구름

74쪽

2.

가을이 되니 과일이 익어 간다.
책을 읽다가 잠이 들었다.
신문을 읽던 아버지가 나를 불렀다.
고구마가 먹기 좋게 익었어요.
책을 많이 읽으면 생각 주머니가 커져요.
잘 익은 감이 주황빛으로 물들어 갑니다.

75쪽

3.

김	책	신문	그림책
사과	광고지	밤	쪽지
편지	벼	열매	고구마

76쪽

2.

어제 오후 친구랑 만나기로 한 약속을 잊고 집에 있었다.
내가 아끼던 색연필을 잃어버려서 속상하다.
길을 잃어버리지 말고 잘 다녀와라.
엄마가 한 말을 잊으면 안 돼.
할머니 얼굴을 잊지 않기 위해 오늘도 할머니 사진을 봅니다.
물건을 잃어버리지 않으려면 제자리에 정돈을 해 놔야지.

77쪽

3.

색연필	약속	숙제	신발
제목	전화번호	장갑	얼굴
우산	배운 내용	할 일	장난감

78쪽

2.

나는 엄마가 안아 주는 게 좋아요.
모두 자리에 앉아요.

나는 곰 인형을 **안고** 잡니다.
축하 꽃다발을 **안고서** 무대에 다시 올라갔어요.
내 좌석을 찾아서 **앉으니** 영화가 시작되었다.
나뭇가지에 **앉아서** 노래하는 새가 눈에 띄었어요.

79쪽
3.

할머니 할머니	엄마 엄마	벤치	자리
아기 아기	의자	인형	동생 동생
돗자리	방석	소파	잔디밭

80쪽
2.

우리 가족은 큰 집을 **지어서** 할머니 할아버지와 함께 살게 되었어요.
비둘기는 둥지를 **짓기** 위해 여러 가지 재료를 물어 나릅니다.
옆집 강아지가 큰 소리로 **짖어서** 시끄러워요.
농부는 농사를 **짓습니다**.
우리는 모래밭에서 두꺼비집 **짓기** 놀이를 했어요.
주말에는 아빠가 밥을 **짓고** 우리는 청소를 해요.

81쪽
3.

개	밥	컹컹	까마귀
학교	집	둥지	농사
약	까치	절	죄

82쪽
2.

샘물이 퐁퐁 **솟아올라** 오는 게 신기해요.
높게 **솟은** 산이 불쑥 나타났어요.
병 안에 있는 물을 **쏟아** 버리고 새 물을 담아요.
불이 갑자기 **솟아서** 깜짝 놀랐어요.
응원을 받자 힘이 **솟아올라요**.
내가 그린 그림에 동생이 우유를 **쏟아서** 속상해요.

83쪽
3.

물 물	불	장난감	주스
산	달	샘물	우유
해	힘 힘	코피	노력

84쪽
2.

바닥에 쏟은 블록을 바구니에 **담아라**.
아이랑 엄마랑 눈이 똑 **닮았네요**.
할머니는 나랑 동생이랑 **닮은** 꼴이라고 말씀하셨어요.
우리 가족은 과일과 간식을 바구니에 **담았어요**.
물병에 물을 **담아서** 학교에 갑니다.

이 책에는 신나는 이야기가 가득 **담겨** 있어요.

85쪽
3.

손 모양	그릇	병	발가락 모양
마음	눈	바구니	얼굴
식습관	항아리	쌍둥이	코

86쪽
2.

사람들이 지나다니는 길을 **막지** 마세요.
삼 형제는 물길을 **막아** 둑을 쌓기 시작했다.
상대편의 공격을 **막으려면** 수비 위치가 중요해요.
천둥 번개까지 치던 하늘이 어느새 **맑게** 개었어요.
맑은 5월의 하늘이 눈부셔요.
깊은 산속에서 발견한 옹달샘은 아주 **맑았어요**.

87쪽
3.

싸움	샘물	시냇물	귀
하늘	전쟁	길	큰일
피해	날씨	공격	목소리

88쪽
2.

우리는 학교가 끝난 후 즐겨 **찾던** 놀이터로 갔다.
공을 **찰** 때는 운동장에 나가서 **차렴**.
형이 제기를 **찼어요**.
잃어버린 물건을 **찾아가세요**.
나는 화가 나서 돌멩이를 힘껏 **찼다**.
길을 잃고 헤매고 있는데 엄마가 나를 **찾았다**.

89쪽
3.

연필	제기	물통 물통	공
손님	다른 점	신발 한 짝	창고
틀린 글자	구경꾼	기억	길

90쪽
2.

언니의 얼굴에 여드름이 **나기** 시작했다.
닭이 알을 **낳았다**.
오늘은 우리 강아지가 새끼를 **낳는** 날이다.
더운 날이라 땀이 삐질삐질 **났다**.
찬 것을 많이 먹었더니 배탈이 **났다**.
천장에서 이상한 소리가 **나기** 시작했다.

91쪽
3.

소리	새끼	폼	알
자식	땀	생각	소문
병	냄새	아기	배탈

92쪽
2.
닫혀 있던 창문을 열자 시원한 바람이 들어왔다.
팔꿈치가 닿자 짝꿍이 화를 냈다.
손이 땅에 닿도록 허리를 굽혀요.
위험한 물건들은 동생 손이 닿지 않도록 높이 올려놓았다.
친구랑 싸워서 마음의 문을 닫아 버렸다.
찬바람이 들어오니 문을 닫아라.

93쪽
3.

꼭대기	천장	얼굴	발길
방문	뚜껑	부두	하늘
창문	가게	대문	땅

98쪽
2.
오늘은 숙제가 많아서 힘들었어요.
놀 시간이 적어서 아쉬워요.
아침밥을 너무 적게 먹으면 금방 배고플 텐데 더 먹으렴.
식구가 많은 가족이 부러워요.

99쪽
2.
키가 크면 좋겠어요.
내 동생은 나보다 키가 작아요.
형이 물려준 옷이 나에게는 아직 커요.
작년에 입은 옷이 작아서 동생에게 주었어요.

100쪽
2.
내가 형이니까 무거운 짐을 들어요.
동생은 아직 어려서 가벼운 짐을 들지요.
교과서를 모두 넣었더니 가방이 무거워졌어요.
숙제를 다 했더니 마음이 가벼워요.

101쪽
2.
선물을 포장하는데 끈이 짧아서 묶지 못하겠어요.
소매가 너무 길어요.
기다리는 사람들이 길게 늘어서 있어요.
긴 머리를 찰랑거리며 뛰어갔어요.

102쪽
2.
넓은 바닷가에 작은 바위나리 꽃이 피어 있어요.
좁은 입구를 지나니 넓은 마당이 나타났어요.
내 자리가 좁으니 옆으로 살짝 가 주세요.
좁은 골목에서 공놀이를 하지 말고 넓은 공터로 가렴.

103쪽
2.
밤이 되자 사방은 쥐 죽은 듯 조용해졌어요.
아침이 되자 알람시계는 시끄럽게 울렸어요.
시끄러운 교실에 담임 선생님이 나타나자 갑자기 조용해졌어요.
시끄러워서 잠을 잘 수가 없어요.

104쪽
2.
솔개는 하늘 높이 날고 있었어요.
배가 고픈 새들은 낮게 날며 물속을 들여다봅니다.
물은 낮은 곳으로 흘러요.
우리 동네에서 가장 높은 빌딩은 어디일까요?

105쪽
2.
오누이는 굵은 밧줄을 타고 하늘로 올라갔어요.
아빠의 목소리는 굵고 커요.
어디선가 가느다란 신음 소리가 들려왔어요.
강낭콩 줄기가 너무 가늘어서 지지대를 해 주었어요.

106쪽
2.
선생님은 얇은 겉옷을 하나씩 챙겨 오라고 하셨다.
밀가루 반죽을 얇게 밀었다.
두꺼운 외투보다 얇은 옷을 여러 겹 입어라.
겨울이 되면 엄마는 두꺼운 이불을 내놓아요.

107쪽
2.
거북이는 가장 느리게 결승선을 통과했어요.
토끼는 빠르게 달려 나갔어요.
빠른 걸음으로 골대를 돌고 와요.
친구는 느린 말투로 이야기를 시작했어요.

108쪽
2.
어느새 아침이 밝았다.
검은 구름이 몰려오자 사방은 금방 어두워졌다.
망친 시험지를 받아 든 짝꿍은 얼굴이 어둡게 변하였다.
화해를 한 두 친구는 밝게 웃으며 교실로 들어왔다.

109쪽
2.
공룡들이 흔적도 없이 사라지고 말았어요.
아무리 기다려도 친구들은 한 명도 나타나지 않았어요.
운동장에 그린 그림이 비가 오자 모두 사라졌어요.
멧돼지가 우리 동네 근처에 나타났어요.

110쪽
2.
그날 일 중 기억나는 것이 있으면 말해 보렴.
오래전에 뵈었던 할머니 얼굴을 잊어버릴 것 같아요.
숙제가 무엇인지 잊어서 하지 못했어요.
잘 생각해 보고 기억나면 말해 주렴.

111쪽
2.
방금 딴 과일로 바구니가 꽉 채워졌어요.
물을 길어 항아리를 가득 채워라.
할아버지는 집을 비우고 외출을 하셨다.
담겨 있던 물건을 비운 상자는 가벼워요.

112쪽
2.
점심시간이 넉넉하게 남아서 운동장에서 더 놀다 갈게요.
넉넉한 마음씨를 가진 진아는 주변에 친구가 많아요.
밥이 모자라서 라면을 끓여서 먹었어요.
우리 집은 먹을 게 늘 넉넉했어요.

113쪽
2.
줄다리기는 자기 쪽으로 힘껏 줄을 당겨야 해요.
앞사람을 밀면 안 돼요.
개미들은 작은 과자 부스러기를 밀고 당기며 나르기 시작했습니다.
친구가 밀어서 넘어졌어요.

114쪽

115쪽

118쪽
2.
산이 단풍으로 붉게 물들었어요.
사과나무에 붉은 사과들이 주렁주렁 달렸어요.
내가 아끼던 빨간 색연필이 너무 닳았어요.
내가 제일 좋아하는 색은 빨간색이에요.

119쪽
2.
숙제가 많아서 대충 끝내고 놀이터에 나갔다 왔어요.
게임을 하는 동안 엄마가 방에 들어오셔서 할 수 없이 하던 게임을 끝냈어요.
하던 공부는 마치고 다른 활동을 해야지.
할 일을 마치고 가벼운 마음으로 집으로 돌아갔습니다.

120쪽
2.
나는 체육 시간이 제일 즐거워요.
전학 간 친구가 갑자기 찾아와서 기뻤어요.
딱지치기를 하는데 내가 많이 따서 기뻐요.
친구들과 놀이를 하며 즐겁게 놀아요.

121쪽
2.
일기예보가 틀리는 바람에 우산이 없는 우리는 비를 쫄딱 맞았다.
동생이랑 나는 성격이 달라요.
비밀번호가 틀려서 현관문을 열 수가 없었어요.
서로 다른 점을 인정해 주는 것이 필요해요.

122쪽
2.
긴 겨울을 견디고 봄이 되자 새싹들이 나오기 시작했다.
오줌이 마려워도 꾹 참고 쉬는 시간을 기다렸다.
콩쥐는 새엄마의 모진 구박을 견디며 지냈다.
엄마한테 혼나자 눈물이 터져 나오려는 걸 꾹 참았다.

123쪽
2.
생활이 어려워 굶은 아이들이 가엾다.

어미를 잃은 아기 새가 **가엾다**.
목이 말랐는지 길에 고인 물을 마시는 고양이가 **불쌍했다**.
다리 한쪽을 절고 있는 고양이가 **가여워서** 한참을 쓰다듬어 주었다.

124쪽
2.
어둠 **속에서는** 아무것도 볼 수 없었어요.
집 **안으로** 들어가 이불 **속으로** 들어갔다.
덤불 **속으로** 몸을 숨겼어요.
항아리 **안에** 있는 물건이 무엇인지 몹시 궁금했어요.

125쪽
2.
학생 여러분, 저를 회장으로 뽑아 주셔서 **감사합니다**.
짐을 들어 드렸더니 할머니는 나에게 **고마워하셨다**.
가정의 달을 맞이해서 **감사해야** 할 분들에게 드릴 카드를 만들었어요.
우리 학교 축제에 참석해 주신 학부모님들, **감사합니다**.

126쪽
2.
오늘 짝꿍이랑 **말다툼**을 한 탓인지 기분이 좋지 않았다.
단짝이랑 **싸운** 뒤 서먹해진 사이가 되고 말았다.
엄마랑 아빠는 식사를 하시면서 계속 **말다툼**을 하셨다.
동생들은 놀이터에서 그네를 먼저 타겠다고 **다투었다**.

127쪽
2.
개울 바위 **밑에** 가재들이 모여 있었다.
개울 **아래쪽에** 제법 큰 물웅덩이가 있었다.
산 **아래쪽에서는** 나무꾼이 나무를 하고 있었다.
느티나무 **밑에서** 작은 동물들이 쉬고 있었다.

156쪽

1	제주 부리기	재주 부리기
2	여기서 네리자.	여기서 내리자.
3	어께가 아프니?	어깨가 아프니?
4	베를 타고 가요.	배를 타고 가요.
5	자새히 봐요.	자세히 봐요.
6	채조 배우기	체조 배우기
7	자새를 바르게 해요.	자세를 바르게 해요.
8	새모와 내모	세모와 네모
9	사과 주새요.	사과 주세요.
10	화네지 마세요.	화내지 마세요.

157쪽

1	아기 기저기	아기 기저귀
2	너무 어두어	너무 어두워
3	더이와 싸우다.	더위와 싸우다.
4	어서 띠어라.	어서 뛰어라.
5	기차 바키	기차 바퀴
6	길을 가다가 시다.	길을 가다가 쉬다.
7	바이 뒤에 숨었다.	바위 뒤에 숨었다.
8	추이를 이겨냅니다.	추위를 이겨냅니다.
9	우에서 내려와!	위에서 내려와!
10	이치가 바뀌었다.	위치가 바뀌었다.

158쪽

1	느으 아버지	나의 아버지
2	무니 꾸미기	무늬 꾸미기
3	으자에 앉아서	의자에 앉아서
4	으사 아저씨	의사 아저씨
5	고자를 씨워요.	모자를 씌워요.
6	시개를 보세요.	시계를 보세요.
7	개단이 높아요.	계단이 높아요.
8	차래 지키기	차례 지키기
9	데의 바른 행동	예의 바른 행동
10	더우의 지해	여우의 지혜

159쪽

1	니가 채고야!	네가 최고야!
2	너무 괴로어!	너무 괴로워!
3	꾀 부리다가	꾀 부리다가
4	교해에 가서	교회에 가서
5	혼자 가니 애로워!	혼자 가니 외로워!
6	어머니의 해사	어머니의 회사
7	애갓집에 가다.	외갓집에 가다.
8	여우의 후해	여우의 후회
9	애 그러니?	왜 그러니?
10	아기 대지	아기 돼지

160쪽

1	오빠 샌각	오빠 생각
2	가족 나드리	가족 나들이
3	얼굴 포정	얼굴 표정
4	동물 병언	동물 병원
5	비둘기 공언	비둘기 공원
6	아버지 앙경	아버지 안경
7	중간 노리 시간	중간 놀이 시간
8	할아버지 고양	할아버지 고향
9	쓰레기 죽기	쓰레기 줍기
10	선생님 책쌍	선생님 책상

161쪽

1	거비 나서	겁이 나서
2	이너 공주	인어 공주
3	동네 모곡탕	동네 목욕탕
4	느린 거부기	느린 거북이
5	손뼈글 치며	손뼉을 치며
6	자가진 신발	작아진 신발
7	종이를 저버서	종이를 접어서
8	모믈 움직이다.	몸을 움직이다.
9	고개를 끄더기다.	고개를 끄덕이다.
10	나겹이 떨어지다.	낙엽이 떨어지다.

162쪽

1	새믈 내다.	샘을 내다.
2	구르미 많다.	구름이 많다.
3	워료일 시간표	월요일 시간표
4	생활의 길자비	생활의 길잡이
5	현과느로 가서	현관으로 가서
6	정다블 확인하다.	정답을 확인하다.
7	경찰관이 대어	경찰관이 되어
8	친구를 한영하다.	친구를 환영하다.
9	풀을 뜨더 먹어요.	풀을 뜯어 먹어요.
10	파란새그로 칠해요.	파란색으로 칠해요.

163쪽

1	멀리 나라서	멀리 날아서
2	숨을 시다.	숨을 쉬다.
3	눈을 반짜기며	눈을 반짝이며
4	지브로 돌아오다.	집으로 돌아오다.
5	상자를 저버서	상자를 접어서
6	꿀밤을 머기려다	꿀밤을 먹이려다
7	동무뤈에 갔다.	동물원에 갔다.
8	책이 만타.	책이 많다.
9	하권이 끝나서	학원이 끝나서
10	이게 엔일이야?	이게 웬일이야?

164쪽

1	나겹이 많아서	낙엽이 많아서
2	색쫑이 접기	색종이 접기
3	자근 가방	작은 가방
4	방이 널따	방이 넓다
5	조븐 오솔길	좁은 오솔길
6	뺄셈은 어려어!	뺄셈은 어려워!
7	마시께 먹자.	맛있게 먹자.
8	멀리 다라납니다.	멀리 달아납니다.
9	구거책과 수학책	국어책과 수학책
10	위를 바요!	위를 봐요!

165쪽

1	팔과 무릅	팔과 무릎
2	유리창 박	유리창 밖
3	소나무 숩	소나무 숲
4	밀집 모자	밀짚 모자
5	연두색 새 입	연두색 새 잎
6	헌겁 조각	헝겊 조각
7	네 입 클로버	네 잎 클로버
8	동전 한 닙	동전 한 닢
9	대문 박	대문 밖
10	거실 옆 부억	거실 옆 부엌

166쪽

1	검은 씨앝	검은 씨앗
2	노란색 비옷	노란색 비옷
3	양송이버섣	양송이버섯
4	물감과 붇	물감과 붓
5	밤낮으로	밤낮으로
6	망치와 몯	망치와 못
7	마음껃 먹다	마음껏 먹다
8	세 살 버륻	세 살 버릇
9	한 그릍 떠서	한 그릇 떠서
10	연몯 안 개구리	연못 안 개구리

167쪽

1	들꼳 이야기	들꽃 이야기
2	대문 바깓	대문 바깥
3	발근 달빛	밝은 달빛
4	빨간 장미꼳	빨간 장미 꽃
5	초록빋 바다	초록빛 바다
6	단팓빵을 먹고	단팥빵을 먹고
7	멷 시야?	몇 시야?
8	부드러운 눈빋	부드러운 눈빛
9	곧 시작된다.	곧 시작된다.
10	수박의 걷과 속	수박의 겉과 속

168쪽

1	연몯 속에	연못 속에
2	이욷 마을에	이웃 마을에
3	숲속으로 들어가요.	숲속으로 들어가요.
4	온갇 보물이	온갖 보물이
5	힘껃 밀어라.	힘껏 밀어라.
6	제비꼳이 피었다.	제비꽃이 피었다.
7	정성껃 돌보다.	정성껏 돌보다.
8	압쪽을 보세요.	앞쪽을 보시요.
9	교실 박으로 나가요.	교실 밖으로 나가요.
10	책상 믿을 살펴요.	책상 밑을 살펴요.

169쪽

1	연필까끼	연필깎이
2	김치보끔밥	김치볶음밥
3	기피 잠들다	깊이 잠들다
4	걸레로 다까	걸레로 닦아
5	하늘이 노파요.	하늘이 높아요.
6	먹고 시픈 음식	먹고 싶은 음식
7	잉어를 나까서	잉어를 낚아서
8	수건으로 다까요.	수건으로 닦아요.
9	색종이 한 무끔	색종이 한 묶음
10	은혜 가픈 까치	은혜 갚은 까치

170쪽

1	문을 다다라.	문을 닫아라.
2	보물을 어더서 왔다.	보물을 얻어서 왔다.
3	가튼 목소리	같은 목소리
4	냄새를 마트면	냄새를 맡으면
5	술래는 쪼차가서	술래는 쫓아가서
6	꽃바테 꽃이 많다.	꽃밭에 꽃이 많다.
7	눈비츨 반짝이며	눈빛을 반짝이며
8	싹이 도다났다.	싹이 돋아났다.
9	벽에 부튼 종이	벽에 붙은 종이
10	바까트로 나오니	바깥으로 나오니

171쪽

1	지블 짓다.	집을 짓다.
2	코자를 벋다.	모자를 벗다.
3	박자가 마따.	박자가 맞다.
4	김치가 마시따.	김치가 맛있다.
5	낟잠을 자다가	낮잠을 자다가
6	개가 지따.	개가 짖다.
7	손발을 씯다.	손발을 씻다.
8	숨은그림찯기	숨은그림찾기
9	헏소리를 하다.	헛소리를 하다.
10	밤느께까지 놀았다.	밤늦게까지 놀았다.

지희 쌤 첫 배움책 제2탄
문해력을 키워 주는 어휘 글쓰기 배움책

1판 7쇄 발행일 2025년 4월 25일

지은이 박지희
그린이 김무연
펴낸이 김상원 정미영
펴낸곳 상상정원
출판등록 제2020-000141호
주소 (05691)서울시 송파구 삼학사로 6길 33, 1층
전화 070-7793-0687
팩스 02-422-0687
전자우편 ss-garden@naver.com

ⓒ 박지희, 김무연 2021

ISBN 979-11-974703-0-1 73700

- 이 책은 저작권법에 따라 보호받는 저작물이므로 무단 전재와 무단 복제를 금합니다.
- 이 책의 일부 또는 전부를 재사용하려면 반드시 저작권자와 상상정원 양측의 동의를 받아야 합니다.
- 책값은 뒤표지에 표시되어 있습니다.

	품명 아동 도서	**제조년월** 2025년 4월 25일	**주의사항** 종이에 베거나 긁히지 않도록 조심하세요.
	사용연령 6세 이상	**제조자명** 상상정원	책 모서리가 날카로우니 던지거나 떨어뜨리지 마세요.
	제조국 대한민국	**연락처** 070-7793-0687	
	주소 서울시 송파구 삼학사로 6길 33, 1층		KC마크는 이 제품이 공통안전기준에 적합하였음을 의미합니다.